10대들을 위한 미술치료 에세이

그려요 내마음,
그래요 내마음

그려요 내 마음, 그래요 내 마음

10대들을 위한 미술치료 에세이

펴낸날 1판 1쇄 2014년 5월 7일
　　　　1판 2쇄 2014년 10월 20일

지은이 김선현

펴낸이 양경철
주간 박재영
편집 김하나
디자인 책만드는사람

펴낸곳 힐링앤북

발행인 이왕준
발행처 ㈜청년의사
출판신고 제2013-000139호.(2013년 5월 10일)
주소 (121-829) 서울시 마포구 독막로 76-1(상수동, 한주빌딩 4층)
전화 02-2646-0852
팩스 02-2643-0852
전자우편 books@docdocdoc.co.kr
홈페이지 http://www.docdocdoc.co.kr

저작권 ⓒ 김선현, 2014

ISBN 979-11-950453-2-7 43180

책값은 뒤표지에 있습니다.
잘못 만들어진 책은 서점에서 바꾸어 드립니다.

10대들을 위한 미술치료 에세이

그려요 내마음,
그래요 내마음

| 김선현(차병원 미술치료클리닉 교수) 지음 |

힐링앤북

얼마 전, 큰아이가 이번 학기 마치고 군대에 가겠다고 했습니다. '엄마'라는 말을 처음으로 썼던 게 엊그제 같은데 금세 청소년이 되더니 어느덧 20대의 청년이 되었습니다. 작은아이는 아직 고등학교 2학년입니다. 이 책은 청년이 된 큰아이와 청소년기를 보내고 있는 작은아이를 생각하며 엄마의 마음으로 준비했습니다.

사춘기思春期라는 말은 '봄을 생각한다'는 뜻을 가지고 있습니다. 그러나 우리 사회에서는 '중2병'이라는 신조어가 생길 정도로 이 시기의 청소년들을 걷잡을 수 없는 존재로 인식하고 있습니다. 그래서인지 청년이 된 아들이 대견하면서도 이 질풍노도의 시기를 잘 넘겼다는 안도감이 듭니다.

청소년기에 접어든 자녀를 둔 대다수의 부모들은 걱정과 불안한 마음이 가득합니다. 자녀들 역시 여러 가지 스트레스로 인해 많이 힘들어합니다. 미술치료 클리닉에서 만난 많은 청소년들이 등교 거부, 부모와의 갈등, 성적, 교우 관계, 트라우마, 외상 후 스트레스, 우울증, 게임 중독, 신체적 열등감, 질병 등으로 고통 받고 있습니다. 오늘날 청소년들은 학교 규칙 잘 지키고 또래 친구들과 어울려 공부하며 별 문제 없이 학창 시절을 보내던 부모 세대와는 완전히 다른 환경에서 적응하느라 많은 스트레스에 시달리고 있습니다. 때로는 주어진 일들을 감당하기가 너무 힘들어 극단적인 선택까지 하게 됩니다. 참으로 안타까운 일이 아닐 수 없습니다.

'임상미술치료'란 미술과 의술이 접목된 새로운 형태의 치료법으로 미술 활동을 통해 환자의 심신 상태mind-body를 평가(진단)하고 질병 치료와 증상의 호전을 도모하는 치료법을 말합니다.

임상미술치료는 청소년들이 주체성을 확립할 수 있도록 도우며 긴장을 완화시켜 주는 역할을 합니다. 또한 시각예술 언어를 통해 자신을 표현하는 비언어적인 의사소통 방식이므로 거부감과 방어적 기질을 감소시키고 자신의 내면을 솔직하게 직접적으로 표현할 수 있도록 돕습니다. 미술작품이라는 구체적인 자료가 생산되기 때문에 정형화되지 않아 혼란스러운 자아를 구체적으로 객관화시켜 탐색할 수 있으며, 제삼자의 눈으로 자신을 바라보도록 함으로써 문제를 해결할 수 있는 기회를 제공합니다. 그뿐만 아니라,

절망에 빠져 무기력한 청소년들에게 창조하는 즐거움이 주는 긍정적인 에너지 향상을 경험하게 하고, 자신의 작품이 존중받는 기회를 줌으로써 자존감을 높여 주며, 부정적인 에너지와 우울 행동을 감소시켜 줍니다. 이처럼 임상미술치료는 청소년들이 자아를 강화시켜 인식의 폭을 넓히고 심리적 불안과 갈등을 해소할 수 있는 치유 과정을 경험하게 하는 효과적인 치료법입니다. 최근 학교 현장에서도 많이 활용되고 있으며, 심리 평가와 상담 치유 차원에서 유용한 도구가 되고 있습니다.

필자도 아이들을 키우면서 임상미술치료의 도움을 많이 받았습니다. 어려운 상황이 생겼을 때 한 발자국 뒤로 물러서서 제삼자의 눈으로 문제를 바라보는 시각이 생겼기 때문입니다.

이 책은 실제 현장에서 일어난 임상미술치료 사례들을 엮은 것입니다. 우리 청소년들이 자신의 상황을 다양한 사례에 대입해 보고 따뜻한 조언을 얻길 바랍니다. 또한 학부모들과 현재 활동 중인 청소년 상담교사 및 임상미술치료사들에게도 도움이 되길 바랍니다. 무엇보다도 나라의 미래인 우리 청소년들이 긍정적인 에너지를 회복하여 건강한 미래를 꿈꾸며 행복하게 사는 데 조금이나마 힘이 되길 진심으로 바랍니다.

무엇보다 학교 현장에서 여러 사례들을 제공해 주신 선생님들께 감사 드립니다. 마지막으로 항상 힘이 되어 주는 두 아들 기윤, 기준에게 고마운 마음과 사랑을 전하는 바입니다.

2014년 4월
김 선 현

차례

제5장 • 참을 수 없는 유혹

제1장

내 마음이 보이니?

"나만이 내 인생을 바꿀 수 있다. 아무도 날 대신해 줄 수 없다."
-캐롤 버넷Carol Burnett

명 화 로 내 마 음
들 여 다 보 기

르네 마그리트 ^{René Magritte, 1898~1967}는 현실에서 볼 수 없는 상상의 그림들을 그리는 벨기에의 화가입니다. 마그리트는 이미 익숙한 대상들을 새롭게 조합하여 신기하고 독특한 상황을 만들어 냅니다. 따라서 그의 그림을 보면 익숙한 대상도 갑자기 낯설게 느껴지게 되며, 그림 속에서 상상의 나래를 펼칠 수 있게 됩니다.

〈눈물의 맛〉은 르네 마그리트의 특징이 잘 나타난 작품으로, 새와 나뭇잎을 하나로 합한 이미지가 주인공입니다. 제목에서 짐작할 수 있듯이 마치 눈물을 흘릴 것처럼 고개를 떨어뜨리고 있는 새의 모습을 통해, 이 작품을 보는 관객이 자신의 슬픈 기억을 회상하도록 돕고 있습니다.
그림 중앙에는 나뭇잎과 나뭇잎을 갉아먹고 사는 벌레, 그 벌레를 먹고 사는 새가 함께 그려져 있습니다. 새의 심장 부위를 갉아먹고 있는 벌레와 그 반대편으로 고개를 돌리고 있는 새는 보는 이로 하여금 새의 아픔이 느껴지게 합니다. 그림 전체를 아우르는 녹색과 푸른색, 어두컴컴한 하늘의 남색은 그림 속 상황을 더욱 슬프게 만들어 냅니다. 금방이라도 빗방울이 떨어질 것 같은 어두운 하늘과 새의 눈물은 슬픈 광경을 강조합니다.

청소년 시기에는 여러 가지 신체적·정서적·사회적 변화 때문에 이유 모를 우울과 슬픔에 휩싸이곤 합니다. 한 마리의 새가 자신을 둘러싼 알을 깨고 나오기 위하여 수많은 힘과 눈물을 쏟는 것처럼, 청소년들 역시 성인이 되기 위한 과도기 속에서 끝없는 눈물과 실패를 연속적으로 경험하게 됩니다. 부모님과의 의사소통의 문제부터, 또래 관계의 어려움까지 청소년들을 슬프게 하는 요인은 수없이 많습니다. 이러한 청소년들에게 중요한 것은 울지 않는 법이나 실패하지 않는 법보다, 마그리트의 작품 제목처럼 '눈물의 맛'을 제대로 느끼고 건강하게 해소하는 방법을 알려주는 것입니다. 한 마리의 멋진 새가 되어 하늘을 비상하기 위해서는 이러한 좌절과 슬픔을 건강하게 긍정적으로 해소하는 것이 중요합니다.

가슴이
답답하고 먹먹해요

"저는 이제 16살 올라가는 학생입니다. 요즘은 왜 그런지 공부도 하기 싫고, 모든 일들이 귀찮아요. 친구들과 어울리기도 싫고 그냥 다 답답해요. 이제 4일만 있으면 3학년이 시작되는데, 정말 시간이 빨리 지나가는 것 같아요."

"왠지 모르게 막 답답해요. 누구한테든 털어놓고 싶은데 그게 쉽지가 않아요. 답답한 마음을 들어줄 사람이 없어요. 이렇게 사느니 차라리 죽었으면 좋겠다고 생각한 적도 있어요."

"뭘 해도 잘 안 풀리는 것 같아요. 다른 친구들은 자기들이 원하는 것도 다 가지고 있고 받은 것도 많아 보이는데, 저는 원하는 것을 얻기가 어려워요. 상황이 절 도와주지 않아요."

  학년이 올라갈수록 학업에 대한 부담감으로 가슴이 답답하고 귀찮아질 때가 있습니다. 특히 청소년 시기에 겪게 되는 문제들이 심각할 경우, 위의 이야기처럼 차라리 죽고 싶다는 생각이 들 정도로 깊은 감정에 빠질 수 있습니다.

  친구들과 어울리는 것이 즐겁다가도 같이 어울릴 때는 몰랐던 감정들이 혼자 있을 때 느껴지는 경우도 있지요. 여러 명의 친구들과 어울리면 그들의 감정 때문에 즐거워질 수 있습니다. 그러나 혼자 있는 시간에는 자신의 감정에 충실하기 때문에 안 좋은 생각들이 꼬리에 꼬리를 물게 되고, 우울한 감정에 빠지게 되어 외로움과 답답한 감정을 느끼기 쉽습니다.

  학교에서 선생님이나 친구들 사이에 문제가 생겼다면 더욱 그렇겠지요. 또한 경제적으로 어려움을 겪고 있거나 가정 안에서 정서적 안정감을 얻지 못하는 환경인 경우, 이러한 외로움은 더욱 크게 느껴집니다. 마치 세상에 나 혼자인 것처럼 슬프고 우울한 감정이 크게 나타나지요. 답답하고 먹먹한 마음이 들수록 생활에 점점 의욕을 잃게 되고, 모든 것을 놓아 버리고 싶은 마음이 듭니다. 내 멋대로, 되는 대로 살고 싶다는 생각이 들기도 합니다.

열등감과 불안감

"교실은 감옥이에요. 감옥에 갇혀 수업을 듣고 공부를 하고 있어요. 이곳을 벗어나야만 해요."

자신의 학교생활에 대해 18살 지성이가 한 말입니다. 청소년 시기에 다들 한 번쯤은 느껴본 감정일 것입니다. 지성이는 교실 안에 혼자 갇혀 있는 자신의 모습을 표현하였습니다. 자신이 감옥 같다고 느끼는 교실에서 벗어나고 싶지만 끝날 것 같지 않은 수업 시간은 너무 길게만 느껴집니다. 자신을 구원해 줄 사람은 어디에도 없다고 생각하며 답답한 마음을 표현합니다.

전체적으로 본인의 모습이 작게 나타나고 뒷모습으로 그려진 것을 통해 학업 스트레스로 인해 위축되고 불안한 마음을 엿볼 수 있습니다. 수동적인 환경에 대한 열등감도 느끼고 있음을 알 수 있습니다.

미국의 작가이자 교육자인 헬렌 켈러^{Helen A. Keller}는 자신의 열등감을 극복해 냈을 뿐만 아니라 놀랄 만한 업적들도 남긴 인물입니다. 그녀는 시각·청각 중복 장애인으로 살아갔지만 매 순간 삶의 열정을 놓지 않았으며, 다음과 같이 이야기했습니다.

"비록 세상은 고통으로 가득하지만 그것을 극복하는 힘 역시 가득합니다."

헬렌 켈러에게 신체적인 장애는 곧 삶의 고통 그 자체를 의미했습니다. 혼자의 힘으로는 그 어떤 것도 볼 수 없고 들을 수 없었기 때문에 살아가는 하루하루가 역경이었습니다. 그러나 그녀는 자신의 삶을 열등감 속에 버려두지 않았습니다. 오히려 '고통의 산'을 정복하고 넘어서서 후대에까지 기억되는 인물로 남았습니다.

우리는 누구나 완벽하지 않으며, 누구나 부족한 부분들을 가지고 태어나지만 스스로를 고귀한 사람으로 만들지, 열등한 사람으로 만들지는 본인의 선택에 달려 있습니다. 자신을 천천히 살펴보세요. 짙은 안개처럼 자신을 가리고 있던 열등감을 한 꺼풀 벗겨 내면, 보석 같이 빛나는 장점들이 서서히 보이게 될 것입니다.

꽃❀꽃❀꽃❀

공부에 대한 부담을 느끼는 청소년들은 교실을 벗어나야만 한다고 항상 생각합니다. 이 생각은 성인이 되어서도 지속됩니다. 대학생들은 강의실을 벗어나야 된다고 생각하고, 직장인들은 사무실을 벗어나야 한다고 생각합니다. 모두들 자신에게 부담과 압박감을 주고 있는 곳을 벗어나야 한다고 생각하는 것입니다.

▲ 한지성(가명) 학생 그림

성적으로 순위가 매겨지는 청소년 시기에는 좋은 대학에 가야 한다는 부담감과 쉴 새 없이 돌아가는 스케줄 때문에 더 많은 압박감을 느낄 수 있습니다. 일단은 자신이 좋아하는 활동들에 대해 생각해 볼 것을 추천합니다. 마음을 가다듬으며 음악을 듣거나 노래를 부르고, 산책이나 운동을 하면서 적당하게 몸을 움직이는 등 자신만의 해결 프로그램을 찾아보는 것이 중요합니다.

적당한 우울과 슬픔은 자신과 자신의 상황을 돌아보며 쉴 수 있는 기회를 주지만, 너무 깊은 우울과 슬픔은 본인을 점점 더 힘들게 만듭니다. 이럴 때는 가까운 사람들과 대화를 나누어 보는 것이 좋습니다. 자신의 문제를 제삼자의 눈으로 객관적으로 바라볼 때 우울과 슬픔에서 빠져 나올 수 있기 때문입니다.

학교 근처의 가까운 공원을 산책하거나 주말에 시간을 내어 가족과 함께 여행을 가 보는 것은 어떨까요. 또한 자신이 교실에 있는 이유와 청소년기에만 만들 수 있는 학창시절의 추억거리를 많이 만들어 보는 것도 좋을 것 같습니다. 학교는 청소년 시기에 누구나 겪는 공간입니다. 교실은 사회로 나아갈 수 있는 바탕을 제공해 주는 곳과도 같습니다. 어떤 방식으로, 어떤 마음으로 보내느냐에 따라 추억의 공간이 될 수도 있고, 그냥 감옥이 될 수도 있습니다.

우울해서 아무도
만나고 싶지 않아요

"우울증은 남의 이야기인 줄만 알았어요. 저는 제가 운동도 열심히 하고 친구들과 어울리는 것에도 문제가 없다고 생각해요. 하지만 요즘은 너무 우울해서 어떤 의욕도 생기지 않아요."

많은 청소년들이 이유 없는 우울감을 호소합니다. 보통 사람들은 우울하면 아무것도 하고 싶지 않습니다. 밖에 나가거나 사람을 만나는 일이 점점 힘들어집니다.

우리가 경험할 수 있는 일상적인 스트레스와 우울은 밀접한 관련이 있습니다. 청소년기는 정서적인 문제에 취약하여 우울증의 발생 빈도 또한 높게 나타나고 있습니다. 청소년기의 우울감에 영향을 미치는 요인으로는 생활 환경, 가족, 친구, 자신, 학교 등이 있고, 스트레스는 우울, 허무감 및 자살 생각과 관계가 있습니다. 스트레스가 높을수록 우울감이 많이 나타납니다.

우울하고 슬픈 감정을 달래기 위해 혼자만의 시간을 갖는 것이 나쁘지는 않습니다. 그러나 그 시간이 너무 오래 진행되면 마음을 겉잡을 수 없을 만큼 힘들어질 수 있습니다. 혼자만의 생각이 깊어질수록 빠져나오기도 어려워집니다. 이럴 때는 외부 활동을 하거나 신체를 움직이며 기분 전환을 해 보는 것도 좋습니다.

우울감과 무기력

18살 고등학교 2학년 의성이는 여자 친구와 싸운 후에 느끼는 우울한 기분을 표현하였습니다.

"여자 친구와 싸우고 기분이 좋지 않아 방안에 혼자 누워 있고 싶은데 엄마는 계속해서 밥을 먹으라고 잔소리를 해요. 그러면 저는 기분이 더 안 좋아져요. 요즘은 너무 우울해서 아무것도 하고 싶지 않고 어떤 말도 하고 싶지 않아요. 제 마음을 알아주는 사람이 아무도 없어요."

상담을 시작할 때 의성이의 기분이 굉장히 좋지 않은 상태였습니다. 한참을 고민한 끝에 진짜 실제 모습이라고 이야기하며 자신을 가장 힘들게 하고 있는 사건을 그렸습니다. 눈물을 흘리며 수동적인 자세로 이불 속에 누워 있는 자신의 모습을 통해 현재 매우 우울하고 슬픈 상황임을 나타내고 있습니다. 또한 말풍선을 이용하여 자신의 기분을 직접적으로 표현하면서 현재 마음이 억눌려 있는 상태임을 드러내고 있습니다. 심리적 우울감이 신체적 활동성을 저하시키고 무력하게 만들고 있는 상황입니다.

우울하고 아무것도 하기 싫을 수록 밖에 나가 활동을 해야 합니다. 가끔은 혼자만의 시간을 보내는 것도 중요하지만 혼자만의 시간이 길어질수록 점점 더 우울하고 힘들어질 수 있습니다. 가족은 우리의 마음을 가장 잘 알아봐 줄 수 있는 사람들입니다. 의성이처럼 힘들 때는 자신이 먼저 이야기를 해 보는 것이 좋은 효과를 가져올 수도 있습니다. 자녀들이 이성 문제로 힘들어할 때, 부모님들은 "공부나 해.", "무슨 여자 친구니?"라는 반응보다는, 현재 고민하고 있는 부분들에 대해 같이 이야기하고 이해해 줄 수 있는 너그러운 마음을 보여 주는 것이 필요합니다.

▲ 김의성(가명) 학생 그림

17살의 진혜는 다람쥐 쳇바퀴 돌 듯 반복되는 일상생활에서 답답함을 느끼고 있습니다.

"모든 일과가 끝나고 학원에서 집으로 가는 밤 10시가 제 하루 중에 가장 마음이 편한 시간이에요. 학교와 학원만 반복하여 다니며 공부하는 현실 때문에 전혀 행복하지 않아요. 세상은 빠르게 돌아가고 있는데 저만 멈춰 있는 것 같아요. 집 밖으로 나가고 싶지 않아요. 하루만이라도 아무 생각 없이 쉬는 시간이 있었으면 좋겠어요. 이런 기분에서 언제쯤 벗어날 수 있을까요?"

진혜는 하루 종일 짜여진 시간표대로 공부한다는 것이 힘들다고 이야기합니다. 진혜는 그림에서 전반적으로 무기력함을 나타내고 있고, 자신을 드러내지 못하는 소극적인 모습을 보여 주고 있습니다. 화면의 배경이 되는 부분을 빠른 속도로 번쩍이는 불로 표현, 이를 자신의 모습과 대비하여 본인이 느끼고 있는 심리적 괴리감을 극대화시키고 있습니다. 건물과 사물들을 약한 선으로 표현함으로써 현실 세계를 기댈 곳 없는 연약한 공간으로 인식하고 있음을 알 수 있습니다. 심리적으로 불안정한 상황에서 스트레스를 받고 있는 자신의 상태를 표현했습니다.

청소년 시기는 언제 끝날지 모르는 불안감이 많이 드는 때입니다. 인생에서 그 어느 때보다도 많은 지식을 배워 가는 시기이기 때문입니다. 또한 자신의 마음을 알아주는 사람이 없다고 생각하게 됩니다. '예민하고 힘든 내 마음을 누가 알아줄까?'하는 생각을 갖게 되는데요. 이 시기에는 좋은 멘토를 만나 보는 것도 괜찮은 방법입니다. 주변에 자신의 이야기를 들어주고 조언해 줄 수 있는 사람을 찾아보세요. 가장 가까운 가족이 될 수도 있습니다. 우리 주변에는 도움을 청할 사람들이 많습니다. 청소년기를 거치치 않은 사람은 없기 때문입니다. 본인의 마음에 대해 진지하게 이야기해 본다면 많은

▲ 최진혜(가명) 학생 그림

조언을 들을 수 있을 것입니다.

　공연이나 미술 전시회도 좋고 등산 같은 스포츠에 관심을 갖는 것도 좋습니다. 취미와 성향이 비슷한 친구들과 함께하는 동아리 활동이나 종교 활동, 짧은 여행 등 긴 시간을 들이지 않고도 즐길 수 있는 것은 의외로 많습니다. 이를 통해 마음의 휴식을 얻을 수 있을 것입니다.

앞에 나가서 이야기를 하면
너무 긴장이 돼요

"발표만 하려고 하면 얼굴이 빨갛게 되고 목소리가 심하게 떨리면서 가슴이 뛰어요. 머릿속이 하얘져 제대로 발표하기 어려워요. 자신 있게 발표할 수는 없을까요?"

학생들부터 성인까지 모두에게 공통된 고민이 아닐까 싶습니다. 누구나 많은 사람 앞에 서서 자신의 생각을 이야기한다는 것이 쉬운 일은 아닙니다. 어떻게 하면 긴장을 줄일 수 있을까요.

우리는 때로 많은 사람들 앞에서 아무 생각도 들지 않고 어떤 말도 할 수 없으며 횡설수설해서 마음속으로 항상 후회를 하곤 합니다. 정도의 차이는 있지만 많은 사람들이 대부분 '다른 사람들은 어떤 생각을 하고 어떤 반응을 보일까?', '내가 잘 할 수 있을까?'를 끊임없이 생각하며 긴장합니다. 청소년 시기뿐만 아니라 성인이 되어서도 발표를 힘들어하는 사람들이 많습니다.

저에게도 두 가지 에피소드가 있습니다. 하나는 초등학교 시절 크리스마스 전날, 교회에서 독창을 맡게 되었는데 많은 사람들을 보고 긴장해서인지 도무지 2절 가사가 기억나지 않았습니다. 그래서 그냥 서 있다 내려왔는데 그때 너무 창피했던 기억이 아직도 남아 있습니다. 그리고 중학교 때, 연극에서 주인공인 홍길동 역을 맡았는데 악당들 앞에서 "장풍이다!"라고 하는 대사를 긴장하여 저도 모르게 "중풍이다!"라고 말해 버렸습니다. 갑자기 웃음바다가 되는 바람에 다행히 상처나 트라우마trauma로 남지는 않았지만 지금도 이 두 가지 사건은 잊을 수 없습니다.

타인의 시선이 두려운 '평가불안'

고등학교 2학년인 영재는 이렇게 말합니다.

"발표를 할 때면 괜히 긴장되고 심장이 떨려 어떤 말을 해야 할지 모르겠고, 머리는 하얗게 백지 상태가 되어 아무것도 할 수 없어요. 수업 시간에 발표할 때도 그렇지만, 모르는 사람들과 함께 이야기를 해야 할 때면 더욱더 긴장이 심해져요. 얼마 전까지만 해도 전혀 이러지 않았어요. 어느 날부터인지 모르겠는데, 갑자기 떨리기 시작했어요…… 왠지 다른 사람들에게 이상하게 보일 것 같아 너무 두려워요."

영재의 그림에서는 전반적으로 불안정한 심리 상태가 나타나고 있는데, 이는 위축된 자아상을 보여 줍니다. 이 상태가 점점 더 불안한 모습으로 발전하면 친구들과의 관계도 어려워질 것으로 짐작됩니다.

대부분의 사람들이 많은 사람들 앞에 서면 머릿속이 하얘진다고 합니다. 내가 말을 잘못하고 있는 건 아닌지 긴장하고, 혹시 틀리지는 않을까 걱정하며 다른 사람의 시선을 의식하게 됩니다. 충분한 연습을 하지 않았기 때문일 수도 있고, 잘하려는 의욕이 너무 앞서 부담감과 압박감 때문에 몸이 경직되었기 때문일 수 있습니다. 발표를 더 잘하려면 '더 잘해야 한다.'는 마음을 비워야 합니다. 그래야 과도한 긴장감을 내려놓고 제 기량을 발휘할 수 있을 것입니다.

▲ 손영재(가명) 학생 그림

진주는 사람들 앞에 나서서 말하는 것이 두렵습니다. 수업 시간에 발표할 때 얼굴이 빨갛게 달아오르며, 목소리가 떨리는 자신이 너무 창피합니다. 모든 사람들이 자신을 지켜보고 있는 것 같은 느낌이 들고, 잘못된 부분을 지적할 것만 같습니다. 무슨 일을 할 때마다 주변 사람들의 반응을 생각하게 되고 그러다 결국 하려던 일을 망치는 경우가 너무 많다고 합니다.

이렇게 위축된 모습은 진주의 그림 속에서도 드러납니다. 화면의 중심부

▲ 하진주(가명) 학생 그림

에 나타나 있는 진주는 익명의 눈들에 둘러싸여 그들의 시선 때문에 긴장되고 위축되어 있는 모습입니다. 경직된 어깨, 생략된 코와 입은 대인관계 및 발표 상황에서 생기는 긴장감 때문에 '말하는 것'에 대해 부담을 느끼고 있음을 표현하고 있습니다. 진주는 몇 번 좌절했던 경험 때문에 다른 사람들 앞에 설 때마다 과도하게 긴장하는 것으로 보입니다. 또한 바깥 부분에서 관찰되는 연필로 강하게 눌러 찍은 점들은 스트레스 상황이 간접적으로 표출된 것 같습니다.

진주가 발표에 대해 어려움을 느끼는 이유는 바로 '평가불안' 때문입니다. 자신이 하는 일에 대해 다른 사람들이 어떻게 평가하는지 의식하게 되고, 지나치게 신경을 쓰기 때문입니다. 발표에 집중하기보다는 주변 상황들을 먼저 걱정하고 신경 쓰기 때문에 정작 중요한 발표에 모든 에너지를 쏟지 못하는 것입니다. 진주에게 필요한 것은 그 불안한 마음을 잠재우고 중요한 일에 집중하는 것이겠지요. 혹시 실수를 한다고 해도, 사람들은 진주가 걱정하는 것만큼 본인의 실수에 대해 크게 생각하거나 오래 기억하지 않는다는 것을 알아야 합니다. 또한 다른 사람을 신경 쓰지 않으려면, 자신에게 가장 중요한 발표 내용에 집중력을 모아야 합니다. 발표 전에는 눈 감고도 내용을 이해할 수 있을 정도로 평소보다 더 많이 연습하고, 발표 당일에는 자신이 다른 사람들에게 전달하고 싶은 내용만 생각하려고 노력해야 합니다. 잘해야 한다는 부담감을 내려놓고, 과정 자체를 즐길 수 있을 때 비로소 더욱 좋은 결과를 얻게 될 것입니다.

　고등학교 3학년인 아연이는 발표 단상에만 서면 눈앞이 깜깜해지면서 친구들의 입만 보인다고 합니다.

　"제가 앞에 나가서 발표를 하면 저를 깔보는 것 같고 뒤에서 제 험담을 하는 웅성거리는 소리가 들리는 것 같아요. 이런 느낌은 고3이 된 후에 더 심해진 것 같아요."

　그림에서 아연이는 자신을 험담하는 느낌을 주는 친구들의 입을 강조하여 표현하였고, 그들을 공격적인 모습으로 묘사했습니다. 친구들의 시선을 회피하고 싶어 하는 마음을 나타내고 있으며, 도화지 전체를 감싸며 엉켜 있는 선은 혼란스럽고 불안한 심리 상태를 보여 줍니다. 아연이에게 고3 스트레스가 많은 영향을 준 것처럼 보입니다. 다른 사람이 자신의 이야기를 하는 것처럼 느껴져 혼란스러운 감정을 표현하고 있습니다.

　고3이 되면서 공부나 학교생활에 자존감이 낮아져 많이 힘든 상태겠지만 좀 더 자신감을 가지고 생활할 것을 권유합니다. 자신의 미래에 대해 깊이 생각해 보고 목표를 세운다면 힘든 고3 생활에 동기부여가 되지 않을까 싶습니다.

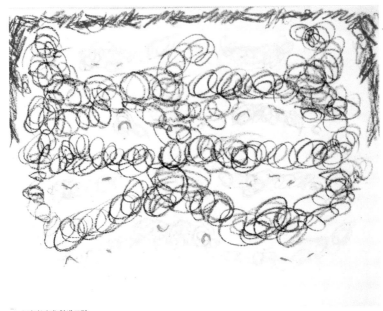

▲ 송아연(가명) 학생 그림

✤ ✤ ✤

고등학교 3학년인 진석이는 평소 발표할 때 사람들의 시선을 많이 느낀다고 합니다.

"앞에 나가 이야기를 할 때면 너무 긴장되고 창피해서 아주 작은 개미가 되어 버린 듯한 느낌이 들어요. 모두들 저를 매서운 눈초리로 감시하며, 주시하고 있는 것 같아요. 실제로 잘못한 것이 없는데도 이런 시선들 때문에 괜히 무언가 잘못한 것 같아 마음을 졸이게 돼요. 이런 긴장과 두려움에서 벗어나고 싶지만 쉽지 않아요."

그림에서 진석이는 사람들 앞에서 나약해지고 위축되는 자신의 모습을 개미에 비유하여 표현했습니다. 이 개미는 머리를 숙인 채 앞을 바라보지 않습니다. 자신을 바라보고 있는 타인의 관심을 회피하고자 하는 마음으로 보입니다. 낯선 공간에 개미 한 마리만 위치시킨 것으로 보아 진석이의 외로운 마음과 고립된 모습을 짐작할 수 있습니다. 개미 주변을 둘러싸듯이 위협적으로 그려진 눈들의 속눈썹과 그 외곽선이 강조된 것으로 보아, 현재 자신을 감시하고 평가하는 듯한 차가운 시선들 때문에 괴로움을 느끼고 있는 것도

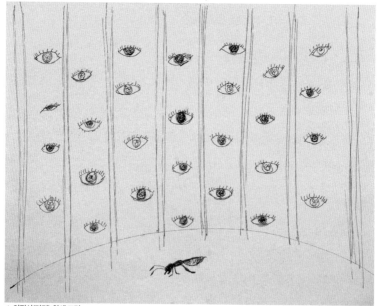

▲ 양진석(가명) 학생 그림

알 수 있습니다. 저 눈들은 자신에게 큰 기대를 거는 사람들의 것일 수도 있고 자신을 비난하는 사람들의 것일 수도 있습니다. 한 가지 분명한 것은 진석이가 지금 현재 많은 사람들 때문에 힘들어하고 있다는 사실입니다.

발표를 잘하는 사람들은 연습하고 또 연습하여 긴장감을 없애는 연습을 합니다. 그렇기 때문에 실제 발표 때에도 연습한 것처럼 여유 있게 발표할 수 있습니다. 일상의 다양한 과제들을 잘 수행해 내기 위해서는 다른 사람 앞에서 보이기 전에 혼자서 열심히 노력할 필요가 있습니다.

누군가의 앞에서 말하는 것에서 오는 긴장과 불안을 극복하고 싶다면 계속 시도하고 연습하여 익숙하게 만드는 것이 가장 좋은 방법입니다. 꼭 말해야 할 내용을 간단하게 기록하여 발표해 보는 것도 괜찮은 방법입니다.

�֎ ✖ ✖

우리는 자신에 대한 타인의 시선과 평가에 연연하면서 더 불안해지고 더 취약해지며, 스스로 존재에 대해서도 다시 한 번 생각하게 됩니다. 이런 시선들 때문에 너무 많은 스트레스를 받다 보면 결국 불안, 우울, 수치심과 같은 부정적인 감정을 느끼기 쉽습니다.

사춘기 청소년들을 힘들게 하는 자의식과 관련이 있는 현상을 '상상 속의 청중Imaginary Audience'이라고 합니다. 언제 어디서나 누군가가 자신을 지켜보고 있다는 비합리적이고 비현실적인 생각 때문에 스스로 마음의 감옥에 갇히는 것입니다. 과도하게 타인을 의식하면서 행동이 부자연스러워지고 오랫동안 고민하며 힘들어합니다. 우리 친구들도 혹시 자신만의 감옥에 갇힌 것은 아닐까요? 누구든지 모든 사람에게 인정받을 수 없고, 모든 사람의 기대를 다 들어 줄 수도 없습니다. 이런저런 시행착오를 통해 자신에 대해서는 물론 자신과 타인의 관계에 대해서도 알게 됩니다. 이 모든 것이 더 발전하기 위한 단계라고 생각한다면 자신만의 감옥에 갇히는 일도, 타인의 시선을 의식하는 일도 줄어들게 될 것입니다.

4
어떤 사건은 잊히지 않고
저를 괴롭혀요

"요즘 꿈을 꾸면 제가 싫어하는 장면이 나와요. 잠에서 깨면 저도 모르게 식은땀을 흘리고 있고요. 다시는 기억하고 싶지 않은 일이었는데…… 꿈만 꾸면 매번 같은 상황에 시달려요. 평소에도 가끔씩 그 장면이 다시 생각나서, 갑자기 기분이 나빠지고 불안해져요. 언제쯤 그 기억에서 벗어날 수 있을까요?"

'트라우마Trauma'는 마음의 고통을 유발하는 스트레스 요인으로, 트라우마를 겪고 있다는 것은 평범한 고통의 범위를 벗어나 심리적으로 상처(외상)를 입었다는 것을 뜻합니다. 심리적 외상에는 지진이나 교통사고, 성폭행 등 한 번의 극적인 사건으로 생겨난 경우와 신체 학대, 성性 학대 등 여러 번에 걸쳐 시달리거나 오랜 기간 동안 발생하는 경우가 있습니다. 그 외에도 수많은 경우가 외상의 범위에 포함됩니다.

기억 속에 남은 트라우마가 정신적인 후유증을 나타낼 때 외상이라고 할 수 있으며, 이에 따라 나타나는 병적인 반응을 '외상 후 스트레스 장애Post-Traumatic Stress Disorder'라고 합니다. 이러한 외상 반응은 보통 잠깐 나타났다가 곧 해결되는 정도로 지나가지만, 일부 사람들에게는 트라우마로 인한 기억이 지속적으로 떠올라, 일상생활 및 사회생활을 하는 데 지장을 일으키기도 합니다.

청소년기에 경험한 외상적 사건들은 다양한 증상으로 나타납니다. 외상적 사건으로 인한 트라우마는 사건을 시각적 · 청각적 · 신체적으로 다시 경험하도록 하는 재현 경험을 비롯하여, 사건에 대한 괴로운 생각에 시달리게 하고, 충동적이고 공격적인 행동이 나타나게도 하며, 높은 우울감과 자살 충동에 사로잡히게 만들기도 합니다. 청소년기에 겪을 수 있는 대표적인 외상 사건으로는 부당한 처우(신체 학대, 방임, 정서적 학대, 성 학대 등), 가정 폭력, 학교 폭력, 의료적 외상(상해 또는 사고, 생명을 위협하는 질병), 자연재해 등이 있습니다.

내면의 상처, 트라우마

중학교 2학년인 지연이는 최근 꾼 꿈이 너무 생생하다고 합니다.

"공포영화를 보고 잠들었는데 영화와 비슷한 형상들이 꿈에 나와서 가위에 눌렸어요. 꿈의 내용이 자세히 기억은 나지 않지만 제가 인형이 되어 누군가에게 조종당하고 있었어요. 움직이고 싶은 곳으로 움직일 수도 없고 도망칠 수도 없고…… 결국 총에 맞아 죽었어요. 꿈이 너무 생생해서 진짜 같은 느낌이었고, 너무 끔찍했어요."

지연이는 요즘 집안 문제 때문에 심각한 스트레스를 겪고 있는 중입니다. 지연이는 언제나 따뜻한 가정을 원하지만 현실은 그렇지 않습니다. 지연이의 꿈은 본인의 무의식을 반영한 것으로 보입니다. 신체 부위가 절단되고 끈으로 묶여 있는 인물상으로 보아 현재 타인과 소통하는 데 어려움을 겪고 있을 수 있으며 대인관계에도 불편함을 갖고 있을 수 있습니다.

▲ 홍지연(가명) 학생 그림

스트레스 상황 속에서 능동적인 힘을 발휘하지 못하고 있는 상태이며 자신을 구해 줄 외부의 도움도 표현되어 있지 않습니다. 타인의 힘에 의해 억압되어 있으므로 자신의 목표와 삶의 의미가 상실되어 있는 것으로 파악되며, 한쪽밖에 없는 팔과 다리는 스스로 아무것도 할 수 없는 상태임을 나타냅니다. 극심한 스트레스를 받고 있는 지연이는 따뜻한 가정을 그리워하며 힘든 시기를 보내고 있습니다. 자신의 마음을 알아주길 바라는 지연이에게 가장 필요한 것은 따뜻한 지지와 격려일 것입니다.

✢ ✢ ✢

지연이와 같은 반 친구인 수영이는 자전거를 타고 가다 지나가는 행인과 부딪쳐 사고가 난 경험을 떠올리며 이야기합니다.

"이 사건은 제 인생 최대의 사건이었어요. 자전거를 타고 가고 있는데 갑자기 나타난 아주머니를 피하려다 넘어져 구급차까지 왔었어요. 평소 속도를 내며 자전거 타는 것을 즐기긴 했지만 위험하지 않다고 생각했는데 갑자기 튀어나온 사람을 피할 수는 없었어요. 바로 사고로 연결되어 굉장히 놀랐고 무서웠어요. 이 사고 이후로 제가 사람을 다치게 했다는 생각에 자전거를 타는 것이 왠지 두렵고 또 사고가 날 것 같아 더욱더 조심스러워져요. 자전거를 전처럼 즐기며 탈 수 없게 됐어요."

수영이는 자전거 사고 후 자신의 마음을 그림으로 표현해 보았는데요. 자신이 겪은 충격적 사건의 요소들을 나열하듯 표현하여 당시의 상황을 설명하고 있습니다. 그림을 보면 처음 타 보았던 구급차와 피를 흘렸던 자신의 모습을 빨간색을 사용하여 강조했습니다. 자신이 저지른 상황에 대하여 죄책감을 느끼며 위축된 모습을 표현하였고, 사고 상황에서 압도적으로 느꼈던 혼란스러움과 당혹감을 나타내고 있습니다.

누구나 이런 사고를 겪으면 매일 아무렇지 않게 하던 일도 못하게 되는 경우가 많습니다. 저 역시 어린 시절 자전거 사고가 난 적이 있었는데요. 그 뒤로 수영이처럼 자전거를 잘 못 타다가 어느 정도의 시간이 흐르니 자연스

▲ 유수영(가명) 학생 그림

레 다시 타게 되었습니다. 지금 당장 자전거를 타야 한다는 생각을 하지 말고 '더 큰 사고가 나지 않은 것이 다행이다.'라는 생각을 가지는 것이 좋을 것 같습니다.

✢ ✢ ✢

중학교 2학년인 도일이는 어렸을 적에 길을 지나가다가 차에 깔려 죽은 고양이를 본 경험이 있습니다.

"고양이가 죽었을 때의 장면이 잊히지 않고 종종 생각나 다른 일에 집중할 수가 없어요. 이 일이 일어난 지 10년이 지났는데도 어떤 공포영화를 보는 것보다 무서운 기억으로 남아 있어요. 그 뒤로 동물들을 별로 좋아하지 않는데, 특히 고양이가 더욱 무섭고 싫어요."

어릴 적 경험 때문에 '고양이'라는 존재가 도일이에게 큰 공포를 주고 있습니다. 10년 전에 지나가며 보았던 모습임에도 불구하고 생생하게 그려 내어 죽은 고양이 아래쪽을 음영으로 표현한 것으로 보아, 그 당시 죽은 고양이를 직접 대면하며 받은 충격과 스트레스가 마음속에 크게 남아 있는 것으로 보입니다. 치유되지 못하고 증폭된 부정적 기억이 일상생활에까지 영향을 미쳐 심리적으로 도일이를 위축시키고 있음을 알 수 있습니다.

저 역시 어렸을 때 고양이가 죽은 것을 본 적이 있습니다. 저는 의식적으

▲ 허도일(가명) 학생 그림

로 생각하지 않으려고 하는데요. 그 일 때문에 고양이가 싫어질 수는 있습니다. 하지만 다른 일상생활까지 지장을 받고 있는 상황이라면 그 사고가 났던 장소에는 다시 가지 않는 것이 좋습니다. 더불어 10년 전에 일어난 일일뿐, 앞으로는 일어나지 않을 것이라는 생각을 가져야 할 것 같습니다.

❧❧❧

청소년기는 자기중심적으로 생각하고 판단하며, 정서적 변화가 심해 불안정한 시기입니다. 이때 외상을 경험하게 되면, 그 사건을 자기의 경험으로 받아들여 자아 정체성을 통합시키지 못하고 자기 비하에 빠지기 쉽습니다.

또한 청소년기에는 주변 환경을 인식하고 관계를 맺어 가는 능력이 발달하므로 그들 나름대로의 가치관과 신념, 사고방식 등을 공유하면서 또래 문화를 형성합니다. 그렇기 때문에 청소년들의 트라우마를 다루는 데 있어 여러 가지 어려움이 있을 수 있습니다. 누구도 자신의 외상 경험을 이해하지 못할 것이라고 생각하고 의사소통을 꺼려 대인관계에 심각한 어려움을 겪을 수 있기 때문입니다. 또한 외상 사건에 대해 자기 탓을 하는 경우가 많아 과도한 죄의식이 형성되기도 합니다.

따라서 청소년들의 트라우마를 다룰 때는 언제나 그들을 지지하는 모습을 보이며 유연한 접근을 통해 고통스러운 기억과 정서를 극복하도록 도와야 합니다. 그뿐만 아니라 자신감을 갖고 자신의 자원을 잘 활용하여 외상 경험을 이겨 낼 수 있도록 돕는 것도 필요합니다. 더불어 청소년들은 심리적 외상을 혼자 담아 안고 가려고 하지 말고 주변에 부모님이나 선생님과 같이 믿을 수 있고 지지적인 어른들에게 용기 있게 마음을 표현하는 것이 좋습니다. 더 이상 외상에 시달리며 고통받지 않도록 노력하는 것이 필요합니다.

무슨 일을 하건
망칠 것 같아요

"나는 재수가 없어요."

"제가 하는 일이 다 그렇지요 뭐."

상담을 하다 보면 이렇게 말하는 청소년들이 꽤 있습니다. 말이라는 것은 계속 반복하다 보면 아무 생각 없이 장난으로, 습관적으로 했던 말이더라도 무의식적으로 인정하게 되어 실제로 그렇게 되는 경우도 있습니다. 그러므로 이와 같은 스스로에 대한 부정적인 평가와 말들과 행동들은 자존감을 낮추고 부정적인 자아상을 만들기 쉽습니다.

자존감 저하와 의욕 상실

고등학교 2학년인 민재는 하던 일이 잘 풀리지 않고, 마음먹은 대로 일이 진행되지 않을 때면 머리가 아파 옵니다.

"이럴 때면 점점 제가 나약해지는 것만 같고, 눈앞이 캄캄하기만 해요. 공부든 사소한 일이든 성공적으로 끝나지 않고 계속해서 실패만 하는 것 같아 제 자신이 한심하고, 그 사실이 잊히지 않아 아무것도 할 수가 없어요."

내가 무슨 일을 하든
망칠 것 같아요

▲ 조민재(가명) 학생 그림

민재는 자신의 모습을 화면 윗부분 공간에 그렸는데 이것은 불안정한 상태일 때 나타나는 특징입니다. 머리를 손에 올리고 자책하는 듯 보이는 인물은 민재 자신으로, 인물의 다리와 발을 생략하여 불안정하고 부족한 모습으로 표현하고 있습니다. 일을 망치게 될 것 같은 느낌에 휩싸일 때 주로 느끼는 불안한 심리가 이처럼 신체 부분의 탈락으로 나타나게 되는데요. 이는 민재가 자신의 불만족스러운 상황을 회피하고 외부와의 의사소통을 단절한 상태임을 알게 합니다.

민재는 일이 잘 되지 않을 때 꼭 자신의 탓인 것만 같은 생각이 들어 힘들어합니다. 심리학자 매슬로우A. H. Maslow는 성경에 나온 요나를 이용하여, '요나 콤플렉스Jonah Complex'라는 단어를 만들었습니다. 요나는 신으로부터 받은 사명을 회피하기 위해 배를 타고 달아났지만, 곧 태풍을 만나 바다에 뛰어들게 됩니다. 바다에 빠진 요나는 큰 물고기의 배 속에서 고통스럽게 지내다가 육지에 토해지는데요. 이 콤플렉스는 자신의 무의식 속에 존재하는 성공을 두려워하며 현실에서 도피하려고 하는 경향이나 자기의 주장을 감추고 드러내려 하지 않는 심리적인 경향을 의미합니다.

한마디로, 요나 콤플렉스는 자신이 다른 사람들 앞에서 망신을 당하거나 당면한 일을 잘 수행하지 못할 것 같다는 공포 심리를 뜻합니다.

남아프리카 공화국 전 대통령인 넬슨 만델라Nelson Mandela 역시 이러한 두려움에 대해 이야기하였습니다.

"우리가 느끼는 가장 깊은 두려움은 우리가 부족하다는 것이 아니다. 우리는 스스로에게 질문한다. 내가 뛰어나게, 멋지게, 재능을 잘 발휘할 수 있을까? 사실, 내가 안 될 이유는 무엇인가?"

일은 잘될 때도 있고 잘 안될 때도 있는 것입니다. 성공적으로 끝내지 못한 일은 다음에 실수하지 않으면 되는 것입니다. 계속 실패했다는 생각에 얽매여 있으면 잘할 수 있는 일까지 못하게 될 수도 있습니다. 그렇게 되면 계속해서 실패한다고 느끼겠지요.

마음을 조금 더 편안히 가져 보세요. 일이 잘 되지 않았다고 해서 스스로 한심한 존재라고 생각하는 것은 자신을 더 힘들게 할 뿐 아무런 도움이 되지 않습니다. 시행착오 없는 성공은 없듯이 우리의 모든 일에도 과정이 있습니다. 혹시 일을 망치게 되더라도 다시 하면 됩니다. 이 모든 것이 지나가는 과정이라고 생각하고 마음을 편하게 가져 보는 것이 좋을 것 같습니다.

⚜ ⚜ ⚜

"현재 저의 상태예요. 제 자동차는 고장이 났고, 시동 버튼을 아무리 눌러도 이 자동차는 움직이지 않아요."

중학교 3학년인 진수는 이렇게 이야기합니다. 자신의 상황을 고장 난 자동차에 비유했습니다. 아무리 노력해도 자신의 힘으로는 정상으로 되돌려지지 않고, 오히려 점점 더 망가지고 있는 것 같은 현실을 표현했습니다. 너무 막막해 어떻게 해야 할지 모르는 자신의 모습이 정말 바보 같지만 실패할 것만 같은 생각에 이겨 낼 용기가 나지 않는다고 합니다.

자신을 고장 난 자동차에 비유, 현실 속에서 실패를 거듭하는 자신의 모습

▲ 박진수(가명) 학생 그림

을 망가진 자동차에 투영시켰습니다. 자동차 속 작은 인물상을 통해 진수가 매우 위축된 상태임을 예상할 수 있으며, 우울함도 짐작할 수 있습니다. 활동성은 저하되어 있으나, 엔진 버튼과 그 버튼을 누르고 있는 손가락의 크기가 자동차와 인물에 비해 크게 나타난 것은 무능한 자신의 모습에서 벗어나고 싶은 마음을 보여 주는 것입니다.

❈ ❈ ❈

어린 아기가 걸음마를 떼기 위해서는 삼천 번 이상 넘어졌다 일어나기를 반복합니다. 청소년기는 한 발자국 앞으로 나가기 위해 수없는 시행착오를 경험하는 때입니다. 시행착오가 두려워 도전하고 시도하지 않는다면 절대 앞으로 나아갈 수 없습니다. 청소년 시기에 일이 잘 되지 않는 것을 실패라고 생각하는 사람은 아무도 없습니다. 이겨 낼 수 있는 시간이 충분히 있는 시기이고 많은 분야에서 용기를 내도 좋을 시기입니다. 좀 더 힘을 내어 활기차고 당당한 청소년기를 보내는 것이 필요합니다.

사람은 자존감이 낮아지면 어떠한 환경이나 상황에서든 소극적으로 변합니다. 반대로 긍정적인 평가와 말을 일부러라도 자주 해 주고 인정해 주면 매사에 긍정적이고 자신감 있는 모습을 갖게 됩니다. 간혹 실수를 하게 되더라도 관대하게 '그럴 수도 있지.'라고 생각하며 실수를 받아들이고 인정하는 말과 태도를 스스로에게 보일 것을 권합니다. 사람은 실수와 시행착오를 통해 성장한다는 사실을 잊지 마세요. 그러나 가능하면 같은 실수를 반복하지 않는 것이 좋으므로 실수에 대한 원인을 생각해 보고 분석해 보는 과정은 필요합니다.

시행착오와 개선이 반복되어 노하우가 생긴다면, 그리고 매사에 자신을 믿어 주고 긍정적인 자기암시를 자주 해 준다면, 자신감도 생기면서 어떤 일을 하든 좋은 결과를 가져올 확률이 높아질 것입니다.

6
예뻐지고 싶어요

"저는 못생겼어요. 눈은 좁쌀만 하고 코랑 입은 너무 커요. 다른 친구들은 다 예쁘게 생겼는데, 저만 못생겨서 남자친구도 생기지 않는 것 같아요…… TV를 보면 성형하고 인생이 바뀐 사람도 있는데, 저도 돈을 모아서 성형을 해야 하나 고민이에요. 예뻐질 수 있는 다른 방법이 없을까요?"

요즘 청소년들의 최대 고민은 공부나 진로가 아니라 '외모'라는 조사 결과가 있습니다. 특히 여학생의 절반 이상이 학업이나 진로보다 외모에 대한 걱정을 더 많이 한다고 합니다.

아이돌과 같이 청소년의 우상이 되는 TV 속 연예인들의 성형 이야기는 굉장히 자극적입니다. 청소년들은 예쁘고 멋진 사람들과 자신을 비교하면서 자신감이 떨어지고, 위축되기도 합니다.

클리닉에 오는 많은 청소년들을 보면, 본인의 장점을 발견하는 것보다 자신의 단점과 부족한 면을 보는 경우가 많습니다. 특히 외모에 대한 고민을 많이 하는데요. 많은 청소년들이 성형을 하며 만족하는 경우도 있지만 그렇지 않은 경우도 있습니다. 앞에서 말한 것과 같이, 대부분의 청소년들이 연예인을 보고 그들처럼 되기를 원합니다. 자신에게도 장점으로 바꿀 수 있는 부분들이 있지만 자신의 단점만 보며 상처를 받게 되지요. 특히, '다른 사람이 나를 어떻게 볼까?' 생각하면서 자신도 모르게 점점 위축될 수도 있습니다.

자기대상화 이론

다른 사람에 맞추어 자기 자신의 부족한 부분만 바라보는 관점은 '자기대상화 이론Self Objectification Theory'으로 설명할 수 있습니다. 자기 대상화는 자신을 제삼자의 눈으로 바라보면서 타인의 관점을 중시하는 것을 의미합니다. 우리가 외모에 대해 민감하게 의식하면 할수록 더 깊은 우울이나 불안과 같은 심리적 장애를 경험하게 될 수도 있습니다. 실제로 청소년기의 외모 만족도가 정신 건강에 영향을 미친다는 연구 결과도 나왔습니다. 청소년기에는 외모에 대한 관심이 높은 데다가 감수성도 예민하기 때문입니다.

이를 극복하는 방법은 바로 자신을 타인의 시선이 아닌 주체적인 시각으로 바라보도록 노력하는 것입니다. 세상에 똑같이 생긴 사람은 없습니다. 외모에 자신이 없더라도 자기만의 개성을 잘 부각시키면 충분히 장점으로 바꿀 수 있습니다. 잘하는 부분을 칭찬해 주고 격려하는 것은 청소년들이 스스로를 긍정적인 시선으로 바라보며 본인의 장점을 더욱 자랑스럽게 여기도록 만들어 줍니다. 부모로서 내 아이의 좋은 점을 드러내 주고 외모에 대해 자신감을 가질 수 있도록 도와준다면, 훨씬 더 많은 청소년들이 외모 때문에 받는 스트레스를 줄일 수 있을 거라 생각합니다.

다음은 여원이, 주원이와 함께 외모에 대한 고민을 이야기하며 그린 그림입니다.

중학교 2학년인 여원이는 자신의 외모에 대한 고민을 이렇게 이야기합니다.

"사람들이 저를 보고 웃으면, 꼭 제 얼굴을 보고 비웃는 것 같아요."
"어떤 이유로 비웃는 것 같다는 생각이 드니?"
"제가 못생겨서 그런 것 같은 생각이 들거든요. 제가 또 피부도 좋지 않으니까요. 화장품을 바꿔 보면 나아질까 생각했지만 막상 바꿔도 별로 효과가 없었어요."

여원이는 평소에 조용하고 우울감이 많은 학생입니다. 막상 스트레스나 걱정 요인에 대해 이야기할 때에는 특별할 것이 없다고 하지만, 그림에서 느껴지는 것들에 대해 이야기를 나누다 보니, 결국 마음속에 담아 둔 자신의 고민이 외모 콤플렉스라고 말합니다. 여원이는 사람들이 자신을 어떤 마음으로 바라보는지 항상 신경 쓰고 있습니다. 그러다 보니 부자연스럽게 행동하는 경향이 있습니다.

그림에서 자신의 얼굴을 머리카락으로 잔뜩 가리고 있는 것으로 보아 여원이가 본인의 외모에 무척 불만족스러운 상태임을 짐작할 수 있습니다.

보통 사람들은, 다른 사람의 시선을 부정적으로 인식할수록 자존감이 낮

▲ 주여원(가명) 학생 그림

아지고, 다른 사람의 시선에 불안하고 두려운 모습을 나타냅니다. 특히나 청소년 시기는 타인의 기대에 더 예민하고 민감하게 반응할 수 있는 시기라 그런지 사소한 문제들로 인해 심리적으로 위축되는 경험을 많이 하게 됩니다. 결국, 타인의 시선을 의식하면서 스스로의 외모에 대해 수치심과 부끄러움을 느낄 때 우리의 마음은 점점 더 힘들어집니다.

여원이와 같은 학생들에게 들려주고 싶은 이야기가 있습니다. 남자들에게 조금 우울해 보이는 젊은 여자와 미소 짓고 있는 할머니의 사진을 보여 줬을 때, 신기하게도 그들은 모두 할머니의 사진이 젊은 여자의 사진보다 더 예쁘게 느껴졌다고 합니다. 이는 좋은 이미지는 얼굴만이 아니라 자신의 마음가짐과 마음에서 나오는 표정, 행동, 그리고 스스로를 얼마나 가꾸는가에 달려 있다는 것을 보여 주는 이야기입니다. 원래 타고난 외모보다는 건강한 생각과 밝은 태도, 웃는 모습이 그 사람을 더욱 돋보이고 아름답게 만드는 것입니다. 먼저, 자신의 예쁜 부분을 찾도록 해 보세요. 거울을 보고 자신이 가진 예쁜 모습을 찾아보세요. 웃는 표정을 예쁘게 짓기 위해 노력해 보는 것도 좋은 방법입니다. 아무리 못생겨도 웃는 모습이 예쁘면 그 사람의 이미지가 아름답게 보인답니다. 자기 스스로를 아끼는 마음가짐이 본인을 더욱 아름답게 만들어 줄 수 있다는 사실을 기억하기 바랍니다.

✠ ✠ ✠

다음은 고등학교 2학년인 주원이가 저를 만나자마자 처음으로 한 이야기입니다.

"선생님, 제 외모는 어때요?

"제 코가 좀 낮은 편이지요?"

주원이는 줄곧 자신의 외모에 대해 질문을 합니다.

"저는 성형수술을 해서 코를 좀 높이고 싶고, 여드름이 많은 피부도 다 바꾸고 싶어요. 또, 뱃살도 많아서 짧고 예쁜 옷들을 자유롭게 입을 수 없어요. 165cm에 47kg의 연예인 몸매를 갖고 싶어요. 부모님이 원망스러워요. 다시 태어나고 싶어요."

▲ 김주원(가명) 학생 그림

주원이는 그림에서 불만족스러운 외모 때문에 우울하고 위축된 무의식을 공간적으로 구분하여 표현하였습니다. 파란색을 선택하여 침울하고 답답한 심경을 드러내고 있습니다. 자신이 이상적으로 생각하는 몸무게와 키, 몸매를 직접적으로 표현함으로써 외모로 인정받고 싶어 하는 욕구와 소망을 보여 주고 있습니다.

❀ ❀ ❀

물론 이 시기에는 이성에 대한 관심이 증가하면서 자신의 모습을 다른 친구들과 비교하기 쉽습니다. 주원이뿐만이 아니라 외모 때문에 고민하는 청소년들은 우리 주변에서도 많이 찾아볼 수 있지요. 이 같은 고민은 청소년 시기뿐만이 아니라 성인이 되어서도 끊임없이 지속될 수 있습니다.

그러나 자신의 외모 때문에 부모님을 원망하는 태도와 모든 사람에게 외모로 인정받고 싶다는 생각은, 점점 더 스스로를 위축되게 만들며 힘들게 하는 스트레스 요소가 될 수 있습니다. 보통 청소년들이 아빠를 닮아서 얼굴이 크다거나 엄마를 닮아 키가 작다면서 불만을 얘기하는데요. 이런 생각들에 사로잡혀 항상 위축되고 우울한 모습으로 고개를 숙이고 다니면, 어느 누가 본인의 예쁜 얼굴을 알아 볼 수 있을까요?

다시 한 번 찬찬히 자신을 바라보는 시간을 가지는 것은 어떨까요? 장점을 잘 살려 줄 수 있고, 단점을 가려 줄 수 있는 것들을 찾는다면, 자신에게 더 잘 어울리는 것으로 스스로를 표현할 수 있을 것입니다. '난 예쁘다.'라는 생각을 가지고 더 당당하고 자신감 있게 행동한다면 어느새 달라져 있는 스스로를 발견하게 될 것입니다.

주의가 산만하대요

"넌 뭐가 이렇게 산만하니?"

"정신 좀 똑바로 차리고 집중해!"

 한곳에 집중하지 못하고 이리저리 부주의한 모습을 보이면 부모님이나 선생님께 주의가 산만하다며 꾸지람을 듣게 됩니다. 산만함과 부주의함이 심각한 경우에는 학습장애가 올 수 있고, 불안한 모습이 지속될 경우 주의력 결핍 및 과잉행동장애ADHD로 분류될 수도 있습니다.

ADHD 특징과 증상에는 다음과 같은 것들이 있습니다. 첫째, 주어진 일에 대해 주의력이 결핍되어 있으며, 이는 특히 지루하고 재미없고 반복적인 일 (숙제, 자습, 심부름 등)을 하는 데 있어 두드러집니다. 둘째, 일상생활에서 과도한 행동을 보입니다. 동일 연령의 다른 사람들과 비교했을 때, 유난히 목적 없는 행동을 보이기도 합니다. 셋째, 자기 행동의 결과를 미리 생각해 보지 않고, 내적인 충동에 따라 갑작스럽게 행동합니다. 주변에서 억제나 중단을 요구하여도 과도한 활동을 계속하며, 침착하지 못한 모습을 보입니다.

이러한 모습들은 성인이 되었을 때에도 주의를 집중하는 데 어려움을 갖게 하며, 학습 부진 및 사회성과 정서 발달에도 걸림돌이 됩니다. 과도하게 산만해 보인다면 병원에서 정확한 진단을 받고 치료를 하는 것이 좋습니다.

과잉행동장애ADHD

보나는 자신의 방 안 여러 곳에 널려 있는 물건들을 그림으로 표현하였습니다. 평소 엄마는 보나에게 산만하다고 핀잔을 주실 때가 많은데, 특히 방 청소를 제대로 하지 않아 꾸중을 듣는 경우가 많다고 설명했습니다. 보나는 방청소를 해야 한다는 것은 알고 있으나 부모님께 잔소리를 들을수록 하고 싶지 않아진다고 합니다. 정리 정돈이 잘 된 방이 보기 좋긴 하지만 항상 사용하는 물건을 굳이 정리할 필요는 없다고 느끼고 있습니다.

▲ 연보나(가명) 학생 그림

"저의 방이에요. 물건이 저렇게 하나씩 하나씩 나동그라져 있곤 해요. 정리할 필요성은 잘 못 느껴요. 어차피 또 다시 더러워질 텐데요."

보나의 대답에 부모님의 잔소리에 대한 싫증이 묻어납니다.

보나는 방의 전체적인 풍경을 묘사하지는 않았으며 나열하듯 물체만 그렸습니다. 각각의 물체가 비슷한 크기로 다소 작게 그려진 점과 사용한 선들이 끊긴 것을 통하여 평소 조심성이 많은 성격임을 짐작할 수 있습니다. 보나는 현재 타인의 시선을 의식하여 경직된 상태일 수 있으며 외부와의 소통

체계가 소극적일 가능성도 있습니다. 또한 물체들을 실제 크기와 동일하게 표현하지 않고 가방, 과자, 책, 연필, 음료 등을 거의 같은 형태에 맞추어 그렸는데, 이는 보나가 본인이 설정해 놓은 틀 안에서 사고하고 상호작용하는 성향임을 암시합니다. 그뿐만 아니라 현실적인 융통성이 부족할 가능성도 있습니다.

보나는 자신이 '어지러운 방'을 표현한다고 이야기했으나 정작 그림으로 시각화할 때에는 외부 시선을 의식하여 비교적 정돈된 형태의 가로 배열로 그린 것으로 보입니다.

"방 청소뿐만 아니에요. 공부를 하다가 집중력이 흐트러져서 잠시 다른 것을 하려고 하면 그때 꼭 부모님이 들어오셔서 저에게 잔뜩 잔소리를 하고 가세요. 제가 산만하대요."

우리 중 누구도 산만하다는 평가를 즐거워할 리 없습니다. 이런 평가는 마치 어린아이 취급하는 것 같아 가지고 있던 다짐이나 의지를 도리어 좌절시키곤 합니다. 부모님과 선생님들은 산만하다는 평가를 할 때 조금 더 신중할 필요가 있으며 애정을 담아 이야기하는 것도 잊지 말아야 합니다. '넌 산만한 아이야!', '왜 이렇게 집중을 못하니?' 등의 말은 오히려 문제를 더 악화시킬 뿐입니다. 이는 아무 효과도 없이 아이들의 마음만 상하게 할 것입니다.

기태도 보나처럼 평소 산만하다는 이야기를 자주 듣는다고 합니다.

"특히 수학 시간이 제일 힘들어요. 수학은 설명을 들으면 이해가 안 되는
것들이 많아서 포기했어요."
"그럴 땐 어떻게 행동하니?"
"뭐…… 아예 옆 짝꿍이랑 잡담을 해요. 근데 그럴 때마다 수학 선생님이
꾸중을 많이 하시고, 자꾸 산만하다고 하세요. 그러다 보니 짜증도 나고

▲ 조기태(가명) 학생 그림

수학이 더욱 싫어지는 것 같아요."

수많은 과목 중에 누구나 어려워하는 과목은 당연히 있기 마련입니다. 이는 장점이 있으면 반드시 단점도 있는 것과 마찬가지입니다. 그러나 문제는 포기하는 것에 있으며, 포기하게 만드는 환경에 있습니다. 물론 기태가 수업 내용을 이해하는 것이 어렵다고 해서 잡담을 하는 것이 올바른 행동이라는 말은 아닙니다. 기태에게는 떠들고 잡담을 늘어놓는 것이 전체적인 수업 분위기를 흐트러뜨리는 역할을 한다는 것을 분명하게 직면시켜 주어야 합니다. 그러나 산만하다는 꾸중이 기태에게 올바른 채찍이 되지는 않는다는 사실 역시 알아야 합니다.

선 표현을 보면 기태가 자기주장이 강하고 빠르며 단호한 성향을 가진 것으로 해석할 수 있습니다. 다른 인물들은 막대 모양으로 그리면서 자신과 짝의 모습만 구체적으로 묘사한 것이 특징적입니다. 또한 수업 시간에 잡담을 하는 상황임에도 불구하고 자신과 짝을 맨 앞자리, 가운데에 위치시킨 것을 통해 자기주장이 강한 성향이 다시 한 번 드러납니다.

인물의 경우, 전체 그림에서 파악해 볼 때 눈과 입을 중심으로 한 표정이 강조되었는데, 이러한 특징은 타인과의 정서적 교류에 있어 매우 적극적이고 자기주장이 강할 수 있음을 상징합니다. 일반적으로 인물상이 측면으로 표현되었을 경우 소극적이고 외부 세계와의 소통에 있어서 회피적인 성향이 있을 수 있다고 보는 견해가 있습니다. 그러나 위의 그림의 경우 옆 사람과 이야기하기 위하여 옆으로 돌아서 앉은 모습을 그린 것이므로 그와 같은 해석은 적용하지 않아도 좋습니다. 앞부분에는 시간표, 게시판 등의 글씨를 적어 넣었지만, 정작 자신과 짝의 대화 내용을 빈 칸으로 남겨둔 것은 자신의 생각이나 마음을 외부로 드러내는 것을 방어하는 것으로 해석할 수 있습니다.

주변 사람들이 여러분에게 산만하다고 한다면 본인이 스트레스를 풀 수 있는 특정 활동들을 찾아보기를 추천합니다. 그림 그리기가 될 수도 있고, 노래 부르기가 될 수도 있고, 운동이 될 수도 있습니다. 자신의 불만이나 욕구를 지속적이고 건강한 방법으로 풀어낸다면, 일상에서의 활동에도 긍정적인 변화를 줄 것입니다.

※ ※ ※

보나나 기태와 같이 좀처럼 집중하기가 어려운 이유가 단순히 타고난 성격이 산만하기 때문만은 아닐 것입니다. 어떤 부분에 대한 불만으로 인해 도망치고 싶거나, 자신이 이해받지 못하고 있다는 생각이 쌓여 정서적으로 불안정하기 때문일 가능성도 있습니다. 또한 집중이 되지 않는다는 것은 능력이 없어서라기보다 어쩌면 실패할지도 모른다는 두려움이 있다는 것을 의미합니다. 이들이 산만하다는 평가를 받을 경우 스스로에 대한 용기가 감소하고 심리적 두려움이 더욱 커질 가능성이 높습니다. 정말 그들이 불안과 두려움 때문에 산만한 것이라면 어떤 도움을 줄 수 있을까요?

이러한 경우, 먼저 자기 자신에게 용기를 주는 방법을 알려 주어야 합니다. 걱정이 되더라도 결국에는 잘할 수 있을 거라고, 지금은 마음이 불안하겠지만 그건 당연한 거라고, 그렇게 스스로에게 얘기해 줄 필요가 있습니다. 또한 산만하다고 평가되는 행동들을 객관화시켜 바라볼 수 있도록 글이나 그림으로 가시화시켜 주는 것 역시 중요합니다. 정작 본인은 그것이 어느 정도인지, 자신과 주변의 생활에 어떠한 영향을 끼치는지 잘 알지 못하는 경우가 많기 때문입니다. 주변에서는 산만한 자녀에게 바로 비난을 하거나 나무라기보다, 집중이 되지 않을 때 빨리 벗어날 만한 방법을 일러 주는 것도 방법일 수 있습니다. 만약 산만함 때문에 일상생활에서 어려움을 겪는 정도라면, 정해진 시간에 규칙적으로 간단히 운동을 하거나 산책을 하여 복잡한 마음을 가볍게 하는 것도 도움이 될 수 있습니다.

매일 머리가 아파요

"요즘은 아침에 일어나기가 왜 이렇게 힘이 드는지 모르겠어요. 아침 먹고 얼른 준비해서 학교 가라는 엄마의 잔소리가 들리면 몸이 무거워 일어나기가 싫어져요. 분명히 어제 저녁에 일찍 잠자리에 들었는데 여전히 아침에 피곤하고 학교에도 가기 싫어요. 그저 아무것도 하고 싶지 않아요. 그리고 머리도 아프고 배도 아파요. 그런데 병원에 가서 검사를 해 보면 특별한 이상은 없다고 해요."

몸에 병이 있는 것도 아닌데 아픈 이유는 무기력 때문일 것입니다. 무기력은 실제로는 병에 걸리지 않았더라도, 자신도 모르는 사이 스트레스가 쌓여 몸이 힘들어진 상태를 말합니다. 이런 상태에서는 일단 휴식이 필요합니다. 심한 스트레스에 시달리거나 마음이 편치 않을 때 무기력증이 찾아올 수 있기 때문입니다.

스트레스와 의욕 상실

주연이는 요즘 두통에 시달린다고 합니다. 특별히 어떤 일이 있었거나 다

▲ 황주연(가명) 학생 그림

친 것도 아닌데, 자신도 모르게 머리를 감싸 안고 짜증을 부리는 일이 많아졌습니다. 아무런 일도 일어나지 않았는데, 자꾸 짜증을 부리게 되니 부모님과도 자주 부딪히게 되고 마음만 무겁습니다.

주연이는 본인의 모습을 그림으로 어떻게 표현했을까요?

머리에 번개가 치고 있습니다. 주연이는 평소에 갑자기 머리가 아파서 아무것도 할 수 없을 때가 많다고 얘기하면서, 자신의 이런 상태를 번개로 표현했습니다. 두통약을 먹으면 낮에도 졸리고 잠이 오는 것 같은 느낌이 들어서, 약은 되도록 먹지 않으려 한다고 말했습니다. 대신 혼자 방에 있을 때 두통이 지속되면, 손으로 여러 번 머리를 치며 소리를 지르는 등 고통을 해소하려고 애씁니다.

주연이의 그림에 머리카락이 없는 것은 두통으로 인한 고통을 잊어 버리고 싶은 마음, 통증을 무시하고 싶은 소망이 드러난 것으로 볼 수 있습니다. 또한 코와 목의 표현이 비교적 생략되어 있는 것과 입이 빨갛게 강조되어 있는 것은 자기 스스로를 통제하는 능력이 아직 부족한 것으로 여겨집니다. 자신이 서 있는 땅의 부분을 초록색으로 칠한 것은 마치 풀밭 위에 서 있는 듯한 느낌을 주며, 안정감을 찾고자 하는 것으로 해석할 수 있습니다.

주연이에게는 평소 자신의 마음을 불편하게 만들고 있는 것이 무엇인지 알아보는 시간이 필요합니다. 자신을 불편하게 만들고 있는 상황이나 환경들에 대해 생각해 보며, 그 안에서 본인이 할 수 있는 일들을 찾아가는 것이 필요합니다. 아주 작은 것이라도 흥미로운 일을 찾아 조금씩 해 보는 것이 무기력증에서 벗어나는 출발이 될 수 있습니다.

사람들은 무기력해지거나 스트레스가 생길 때, 잠을 자는 경우가 많습니다. 저도 스트레스가 생길 때 잠을 자고 나면 한결 몸이 가벼워지며, 마음의 짐이 되었던 일들이 이전보다 작게 느껴질 때가 있습니다. 그러나 문제 상황과 만났을 때, 적절한 해결 방법을 찾지 않고 습관적으로 잠을 청하게 되는 것은 옳지 못한 방법입니다. 이것은 문제 상황으로부터 도망가 버리는 것이니까요. 이때의 잠은 자신을 더욱더 무기력하게 만듭니다. 잠에서 깨어난 뒤에는 자신을 힘들게 하는 것이 무엇인지, 자신이 원하는 것은 무엇인지 생각해 볼 것을 권유합니다. 그 뒤, 본인이 가장 먼저 할 수 있는 일에 대해 떠올리며 조금씩 실행해 보는 것이 필요합니다.

긍정심리학자인 마틴 셀리그만Martin E. P. Seligman은 '학습된 무기력learned helplessness'이라는 단어를 사용하였습니다. 이는 단순히 체력이 저하된 상태를 의미하는 것이 아니라, 만성적인 의욕 상실 상태를 뜻합니다. 이게 바로 자신도 모르게 무의식적으로 배우게 된 무기력입니다.

셀리그만은 개들을 대상으로 한 가지 실험을 진행했습니다. 절대로 피할 수 없는 상황에서 전기 충격을 받은 개들 중의 2/3가 전기 충격을 충분히 피할 수 있는 다른 상황에서도 어쩔 수 없다는 듯이 그대로 충격을 받으며 꼼짝도 하지 않았다는 것입니다. 다시 말해서, 학습된 무기력은 본인이 실제로 극복할 수 있는 환경에 있음에도 불구하고 아무런 시도조차 하지 않으려는 상태를 의미합니다.

민지는 평소 잠이 많아서 부모님으로부터 꾸지람을 종종 듣습니다. 아침에 일찍 일어나는 것도 어렵고, 공부 시간에도 책상에만 앉으면 졸음이 쏟아져 이내 잠이 들어 버린다고 합니다. 민지는 자신이 누워 있는 모습을 그림으로 그리기 어렵다고 얘기하면서, 엎드려 있는 모습으로 표현했습니다.

"하루 24시간이 계속 밤이었으면 좋겠어요."

▲ 주민지(가명) 학생 그림

민지는 밤에는 아무것도 하지 않고 잠만 잘 수 있고, 꾸중을 들을 일도 없을 것 같다고 말하며 그림을 그렸습니다. 그런데 민지의 그림에 그려진 인물은 특이하게도 잠을 자고 있지 않는 것처럼 보입니다. 눈은 크게 뜬 채로 머리카락이 길지만 귀가 명확하게 보이도록 그려졌습니다. 이는 모든 활동을 중단하고 휴식을 취하는 밤이 아니라, 아직도 '보고 들을 것이 많은' 밤 시간을 의미합니다. 아마도 민지가 정말로 피곤해서 잠이 부족하기 때문이 아니라 학업 스트레스를 '잠'을 자는 것을 통해 해결하려 한 것이 아닐까요?

민지는 먼저 자기 통제력을 기르는 것이 중요합니다. 자신의 생활을 스스로 계획하고, 결정하는 것은 청소년기에 가장 강조되는 부분입니다. 자신이 해야 하는 일과 하고 싶은 일은 무엇인지 고민하고, 해야 하는 일을 하기 싫다고 미루며 도망치고만 있지는 않은지도 생각해 보아야 합니다. 자신이 해야만 하는 일을 나열해서 적은 후, 가장 쉬운 일을 골라 먼저 시작해 보는 것은 어떨까요. 그리고 하나씩 이루어 가면서 자신의 값진 하루를 어떻게 사용하는 것이 좋을지 계획을 세워 보세요.

✢ ✢ ✢

진호도 민지와 비슷한 그림을 그렸습니다. 화면 왼쪽에는 밤의 그림을, 오른쪽에는 낮의 그림을 그렸는데, 그림 속 주인공은 모두 침대에서 편히 잠을 자고 있는 모습입니다.

▲ 강진호(가명) 학생 그림

"저는 생각할 것이 많거나 공부가 하기 싫어지면 이불을 덮고 가만히 누워 있어요. 그러면 되게 편안해지는데, 아무것도 하지 않고 잠만 잤으면 좋겠다는 생각을 하기도 해요."

진호의 침대는 진호가 초등학교 시절부터 사용해 온 오래된 것이라서, 침대의 향을 맡으면 더욱 편하게 쉴 수 있다고 합니다. 특히 해야 할 일들이 많을 때, 성적에 대한 부담이 클 때에는 아무도 문을 열 수 없는 방에 들어가 조용히 잠만 자고 싶다고 하였습니다. 낮에 자는 모습이 밤에 자는 모습보다 더욱 크게 그려졌는데, 이는 실제로 낮에 자는 것이 어렵기 때문에 그만큼

낮잠에 대한 소망을 강하게 표현한 것으로 여겨집니다. 머리카락을 생략하여 표현한 것은 학업 스트레스 때문에 생기는 복잡한 생각들을 떨쳐 버리고 싶은 마음을 나타내며, 코를 그리지 않은 것을 통해 전반적으로 자기 통제력이 약하다고 볼 수도 있습니다.

⚜ ⚜ ⚜

진호와 민지의 경우처럼 자기 통제력이 약한 것은 어떤 문제를 해결해야 하는 상황에서 도망치려고 하는 것으로 보일 수 있는데, 이들은 주로 이런 상황에서 벗어나기 위해 '잠'을 자려고 합니다.

이러한 무기력증을 오래 방치하면 우울증이 생길 수 있습니다. 모든 것이 하기 싫어지고 이도 저도 마음에 들지 않을 때는 먼저 마음을 편하게 먹고, 휴식을 취하는 것이 좋습니다. 그리고 일정한 휴식이 지나고 나면 조금씩 움직여 보도록 합니다. 먹고 싶은 것이 무엇인지 찾아보고, 생각나는 것이 있다면 간단하게나마 맛있는 것을 먹어 보는 것도 좋습니다. 또한 자신이 할 수 있는 가장 쉬운 일부터 주변 일들을 하나씩 해결해 봅니다. 본인이 좋아하는 일이나 흥미로운 일들을 떠올리며 시작해 보는 것입니다. 특별한 것이 없다면, 가벼운 운동도 좋습니다. 특히 결과가 빨리 보이는 일들을 하나씩 시도해 보는 것이 가장 효과적입니다. 무엇보다 스스로 설정한 목표들을 하나씩 하나씩 성취해 가는 기쁨을 얻는 것이 중요합니다.

나도 나를
잘 모르겠어요

"갑자기 눈물이 나요."

　많은 사람들과 어울리다 보면 사람들 속에 휩쓸려서 자기 자신을 돌아볼
시간이 없습니다. 특히 마음이 끌리는 대로 행동하지 않고, 주변의 친구나
다른 사람의 이야기에 맞춰 주는 경향이 강한 사람이라면 이러한 시간이 더
욱 필요합니다. 사람은 누구나 자신을 돌아보는 시간을 가져야 스스로 에너
지를 얻을 수 있고, 계속 활동할 수 있습니다. 그렇지 않으면 쉽게 지치게 되
고, 그럴수록 자신을 잘 알 수 없어 더 피곤하게 되지요.

다른 사람의 눈치를 보거나, 타인을 의식하느라 원치 않는 행동이나 말을 하면서 지내지는 않는지, 원하는 것이 있어도 정작 제대로 표현을 못하고 있지는 않은지, 자신의 일상을 돌아보며 본인 스스로에 대해 점검하는 시간이 필요합니다.

변덕스럽고 복잡한 감정

미영이는 요즘 이유 없이 혼자 눈물이 날 때가 많다고 합니다.

"비가 오는 날에는 혼자 생각에 잠겨서 노래를 듣는데요, 그럴 때 특히 눈물이 잘 나요."

한 번 울기 시작하면 노래 한 곡을 계속 반복하여 들으며 그 기분에 빠져들기도 한다고 이야기하였습니다. 하루는 우는 것을 멈추고 거울 속 자신을 보았는데, 본인도 스스로의 모습을 이해할 수가 없어서 황당했다고 이야기하였습니다.

▲ 송미영(가명) 학생 그림

스스로 생각해 보아도 이상한 것 같아서 눈물이 나는 상황에 대해 아무에게도 이야기 해 본 적은 없다고 합니다. 다른 사람들이 자신의 이러한 부분에 대해서 알게 된다면 괜히 거리감을 둘 것 같아서 굳이 이야기를 꺼내지 않게 된다고도 합니다.

청소년기에는 보통 미영이의 경우처럼 자신도 걷잡을 수 없이 갑자기 기분이 안 좋아지거나 흥분하게 되는 경우가 종종 있습니다. 특별히 어떤 사건이 일어난 것도 아니지만 사소한 일에도 짜증이 잘 나고, 책이나 음악을 통해서 금방 감성에 젖기도 합니다.

미영이의 그림을 보면 얼굴은 정면을 향해 있지만, 눈의 초점은 아래쪽을 바라보고 있는 듯합니다. 자신이 우는 행동에 대하여 정확한 원인을 파악할 수 없다고 호소하고 있는데, 원인이 없는 것이 아니라 여러 요소들이 복합적으로 마음을 괴롭히고 있을 가능성이 높습니다. 또한 팔의 모양이 안쪽으로 모아져 있으며 의복의 단추가 잠겨 있는 것으로 묘사하였는데, 이러한 표현은 고민과 갈등 상황을 해소하기보다는 혼자 마음속에 담아 두고 고민하며 괴로워하고 있는 현재 상태를 보여 주는 것입니다.

❖ ❖ ❖

청소년들은 자신의 변덕스러운 감정이 혼란스럽게 느껴지기도 하고 스스로가 이상한 게 아닌지 하는 생각이 들기도 하지만, 이 시기에는 이러한 혼란도 충분히 있을 수 있는 일임을 알아야 합니다. 물론 사소한 일에도 시시각각 변하는 감정들 때문에 가족들과 마찰이 생기기도 합니다. 중요한 것은,

혼란의 시간에서도 청소년들이 자기의 정체감을 찾아 가고 있다는 것입니다. 부모와의 관계가 멀어지면서 부모의 결정을 따르기보다는 점차 또래 사이에 통용되는 기준에 맞추어 행동합니다. 또한 자신의 사생활에 대해 직접적으로 말하기를 꺼리며 부모와는 팽팽한 긴장감 속에서 줄다리기를 합니다.

이러한 과정에서 청소년을 자녀로 둔 부모는 무력감을 느끼거나 계속되는 갈등 관계에 지칠 수도 있습니다. 그렇지만, 청소년들이 표출하는 불만 사항과 짜증, 이어지는 말싸움에서 부모의 역할은 더욱 강조됩니다. 자녀들이 자신만의 가치관을 세우고 자아를 찾아 가는 동안 혼란스럽고 변덕스러운 청소년들을 더 이상 어린 아이로 보지 말고, 그들의 이야기와 요구 사항에 좀 더 귀를 기울여 주는 것이 중요합니다. 그렇다고 무조건 무리한 요구 사항에 맞추어 원하는 것을 다 해 주라는 얘기는 아닙니다. 청소년기 자녀의 겉으로는 보이지 않는 욕구들, 가령 부모로부터 인정을 받는 것, 자신의 의사가 수용되는 것, 부모로부터 애정을 받는 것과 같은 마음을 들어주고 헤아려 주어야 한다는 뜻입니다.

10

내가 할 수 있는 일은
아무것도 없어요

"게을러요."
"머리가 나빠요."
"지저분해요."
"공부를 못해요."

클리닉을 방문하는 청소년들에게 자신의 단점이 무엇이냐고 물어보면 이렇게 이야기합니다. 다음에 자신의 장점을 이야기해 보라고 하면 계속 머뭇거리다가 "남들이 착하대요……"라고 말하면서 자신 없어 하는 경우가 많습니다.

사람들은 누구나 많은 장점들을 가지고 있지만 단점에 가려 발견하지 못하는 경우가 많습니다. 그러다 보면 점점 위축되고 누가 봐도 진짜 잘하는 것이 없는 것처럼 보이게 됩니다.

내적 동기의 필요

지애는 현재 자신의 마음 상태를 문을 이용하여 표현하였습니다. 지난 고등학교 생활 중에 성적 향상을 위하여 수없이 많이 계획도 짜 보았고 노력도 해 보았습니다. 그러나 지애가 경험한 것은 쓰디쓴 실패뿐이었고, 그때마다 부모님께서는 정말 공부를 하고 있는 것이 맞냐며 의심하기 시작하셨다고 말합니다. 그 후 부모님의 눈치를 보게 되면서 친구와 만나는 시간도 눈에 띄게 줄였고 다른 생각도 하지 않으려 애쓰고 있다고 합니다. 그러나 원하는 목표치에 도달하기가 쉽지 않아, 현재는 거의 자포자기한

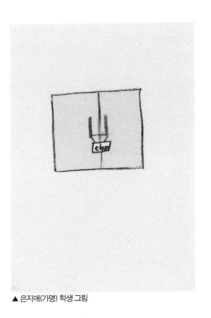

▲ 은지애(가명) 학생 그림

심정이라고 얘기해 주었습니다.

그림을 보면 문이 굳게 닫혀 있고 'close'라는 글씨도 적혀 있습니다. 굳게 닫힌 문은 지애의 마음의 문도 굳게 닫혀 있음을 이야기합니다. 외부의 사람들과 소통하고 싶지 않고, 누구에게도 자신의 이야기를 들려줄 마음이 없다는 것을 표현하는 것입니다. 이러한 소통 거부는 본인이 쉬기 위한 것으로 보입니다. 열심히 노력했지만 합당한 결과를 얻지 못하는 상황이 반복되었고, 이런 상황 속에서 주변의 응원이나 격려가 부족하여 스스로를 자책했을 가능성이 높기 때문입니다. 그러나 이렇게 부정적인 상황을 그리면서도 문 가득 밝은 노란색으로 칠하고 문이 닫혀 있다는 문구까지 친절하게 적어 놓은 것에 주목할 필요가 있습니다. 분명하게 눈에 띄는 이 색과 표식들은 자신의 힘든 상태를 다른 사람들이 알아주길 바라는 심리라고 볼 수 있습니다.

지애의 부모님은 딸의 집중력을 의심하며 기대에 못 미치는 성적에 불만을 표시하지만, 지금 지애가 공부에 집중하기 어려운 상태임을 알아야 합니다. 잇따른 좌절감에 무기력해졌기 때문입니다. 자신이 할 수 있는 것은 아무것도 없다며 스스로에 대해 부정적인 태도를 취하고 있기 때문입니다.

지애는 스스로 성취해 나가는 기쁨보다 기대에 부응해야 한다는 목적만 강요받았던 것은 아닐까요? 지애에게는 지금 '내적 동기'internal motive'가 필요합니다. '자기결정성 이론Self-Determination Theory'에 따르면, 자신이 스스로 결정해서 실천해 가는 주체적인 태도가 중요합니다. 이것은 단순히 성적 향상에만 해당하는 것이 아니라 한 사람의 행복과 성공, 건강에도 커다란 영향을 준다고 합니다. 청소년기는 자신의 주체성을 확립하는 가장 중요한 시기입니다. 이때에 주변에서는 어떤 기준을 제시하여 끌고 가기보다, 본인이 스스로 할 수 있도록 옆에서 격려해 주어야 합니다. 성실한 태도로 목표를 향해 노력할 때는 노력 그 자체를 지지해 주어야 합니다. 본인이 결정하고 원하는 것을 밀고 나가는 자기 안의 힘을 키우는 과정에서 내적 동기가 발현되고, 다른 사람의 도움 없이도 어떤 것을 성취할 수 있다는 용기가 길러지기 때문입니다. 그리고 이렇게 길러진 용기는 이후 어떤 장애물을 만나거나 좌절을 겪게 될 때에도 긍정적으로 상황을 극복할 수 있는 힘이 되어 줍니다. 자신의 삶을 스스로 개척하고 결정해 나가는 것, 지금 지애에게 가장 필요한 것입니다.

⚜ ⚜ ⚜

연주는 수험생임에도 불구하고 무엇을 해야 할지 아무것도 모르겠고, 자신의 뇌가 텅 비어 있는 느낌이 들 때도 있다고 합니다. 선 하나만을 이용하여 빠르게 그림을 완성한 연주는 하고 싶은 말이 없다고 하였습니다. 아마 항상 똑같이 돌아가는 일상생활에 지루함을 느끼며, 과도한 학업 스트레스를 가지고 있는 것으로 보입니다. 동일한 스트레스를 받아도 그 반응은 개인별로 차이가 있습니다. 자기표현에 있어서 그림이 위축되거나 경직되는 사람이 있는 반면, 공격적인 태도로 방어하는 자세를 취하는 경우도 있습니다. 그림에서 드러나는 특성으로 미루어 볼 때, 연주는 수험생이라는 위치에서 받는 스트레스나 불안을 공격적이고 방어적으로 표현하고

▲ 이연주(가명) 학생 그림

있음을 알 수 있습니다. 공격적인 부분은 뾰족하게 표현된 선들을 통해서 드러나며, 방어적인 태도는 자신의 고민을 구체적인 그림으로 표현하지 않고 물음표로 일관하는 것으로 파악할 수 있습니다.

앞서 지애의 경우와 마찬가지로 연주에게도 현재 내적 동기가 필요한 것으로 볼 수 있습니다. 어떤 일을 할 때, 본인의 마음과는 상관없이 이리저리 끌려다니며 원치 않는 상황에 놓여 있었던 것은 아닌지, 그러한 과정 속에서 점점 더 에너지를 잃고 도망치고만 싶었던 것은 아닌지 하는 생각이 듭니다. 수험생이니까 당연히 책상 앞에 앉아 있고, 이런저런 일들도 그저 해야 하니까 하는 상황이 계속 반복되면 결국 모든 것이 귀찮아지고 하기 싫어질 것입니다. 그렇게 되면 점점 집중력을 잃게 되고, 무기력해지거나 끝없이 도망치게 됩니다. '공부를 왜 하는가?'에 대해 다시 한 번 생각해 봅시다. 그리고 과거에 자신이 어떤 일을 해냈을 때 기쁨을 느꼈고, 성취감을 느꼈는지도 한 번 생각해 봅시다. 그런 과정 속에서 본인이 어떤 식으로 의욕적인 태도를 보였는지 떠올려 보며, 지금 자신이 하는 일들이 미래의 자신에게 어떤 영향을 줄 수 있을지 생각해 보는 것도 도움이 될 것입니다.

거울을 보거나 평소에 생각했던 자신의 얼굴을 떠올리며, 편안한 마음으로 도화지에 본인의 얼굴을 그려 볼 것을 권합니다. 그리고 자신의 장점을 10가지만 적어 보기 바랍니다. 처음에는 본인의 장점들이 잘 생각나지 않겠지만, 하나씩 적다 보면 점점 자신의 숨어 있는 좋은 점을 찾아내게 될 것입니다. 이러한 경험을 통해서 본인이 원래 가지고는 있었으나 그동안 발현되지 못했던 장점들을 깨닫고 잘 활용한다면, 생각보다 자신 있게 할 수 있는 일이 많다는 것도 알게 될 것입니다.

❧ ❧ ❧

물이 반 정도 찬 물컵을 보고 '물이 반밖에 안 남았네.'라고 생각하는 것과 '물이 반이나 남았네.'라고 하는 것 중에서, 어떤 태도가 본인에게 긍정적인 힘을 주는 방법일까요? 모든 상황이나 사물을 볼 때에도 마찬가지입니다. 부정적으로 보는 시선을 돌려 긍정적인 면을 찾기 위해 노력한다면, 지금의 상황이 이전에 느낀 것만큼 힘들지는 않을 것입니다. 또한 다른 사람들과 관계에 있어서는 먼저 자신 스스로를 사랑하는 법을 익히는 것이 중요합니다. 자신의 좋은 점을 찾고, 남이 가지지 못한 멋진 면을 발견하며, 스스로를 사랑하게 될 때 비로소 다른 사람들과의 관계에서도 자신감을 얻게 될 것입니다.

화가 나면
아무것도 보이지 않아요

"감정이 격해지면 어떻게 해야 할지 모르겠어요."

청소년기는 급격한 신체적 성장과 감정 조절의 어려움을 겪는 시기입니다. 불안, 수줍음, 고립 등의 강한 정서적 상태가 되어 변화에 적응하는 데 어려움을 겪고, 자아상에 혼란을 느끼기도 하며, 공격성을 드러내기도 합니다. 분노의 감정은 신체적 불안이나 좌절감, 자존감 상실 등에 따른 혈압 상승 또는 심장박동 수 증가와 같은 생리적 변화를 일으킵니다. 이뿐만 아니라 신체적 · 언어적으로 표현될 수 있는 짜증의 감정부터 과도한 격노까지 비교적 강한 강도를 지닌 불쾌한 내적 경험의 상태를 겪게 됩니다. 감정 변화가 많은 청소년 시기에 과도한 스트레스 상황에 장기간 노출되거나 가슴 속에 화가 쌓이게 되면 결국 폭발하게 됩니다.

이 같은 분노의 감정이 올라오면 무조건 참지 말고 적절한 때와 장소에서 적당히 발산하는 것이 필요합니다. 분노의 감정을 조절하기 위한 단계를 살펴보면 다음과 같습니다.

첫째, 분노를 살피는 것입니다. 분노의 감정을 무시하지 말고 면밀하게 살펴야 합니다.

둘째, 분노를 발견하는 것입니다. 포착한 분노의 실체를 발견하여 그 원인을 찾는 것입니다.

셋째, 분노를 깨닫는 것입니다.

넷째, 분노를 해결하는 것입니다.

다섯째, 분노를 예방하는 것입니다. 현대처럼 분노가 유발되기 쉬운 환경 속에서 이를 조절하기 위해서는 분노의 감정을 예방하기 위한 노력이 필요합니다.

분노 조절

예진이는 이 그림이 며칠 전 실제로 있었던 일이라고 했습니다. 그림은 예진이가 혼자 방에서 울고 있는 모습입니다. 늘 빽빽한 공부 스케줄로, 쉬고

싫어도 쉴 수 없는 현실 때문에 지친다고 이야기합니다.

"이때 기분이 좋지 않았어요. 몸도 좋지 않아서 쉬려고 했는데 부모님이
잔소리하시니까 잠깐 쉬는 것도 못했어요."

예진이는 그림을 그리면서 그림 속 요소들을 하나씩 이야기하며 자신의
화를 계속해서 강조하였습니다. 통제할 수 없는 분노가 치밀어 오를 때면 방
안에서 물건을 던지거나 소리를 지르곤 한다고 합니다. 그러나 이러한 방법
들이 근본적으로 기분을 나아지게 하지 않는다는 이야기도 했습니다.

예진이는 진한 선을 이용하여 자신의 분노를 간접적으로 표출했습니다. 화를 내며 울고 있는 얼굴 표정으로 보아 스스로 감정을 통제하기 힘들며 억울함과 분노로 뒤섞인 상황임을 추측해 볼 수 있습니다.

⚜ ⚜ ⚜

재연이도 예진이처럼 분노에 관한 작품을 그렸습니다.

"저는 원래 화를 잘 안 내요. 친구들이나 다른 사람 앞에서 기분 표현을 잘 못하겠어요. 상대방이 싫어할 수도 있으니까 그냥 조용히 넘어가고 싶어요. 저 때문에 싸움이 일어나면 제가 더 피곤하니까요."

그러나 재연이는 본인도 감정이 있고 화가 나는 사람이라고 표현하며 그림 속 자기 얼굴의 반을 실제로 화가 나 있는 듯한 표정으로 묘사했습니다. 겉모습과 속마음 사이에 나타나는 괴리감을 통해 재연이가 갖고 있는 '페르소나persona'를 엿볼 수 있습니다. 페르소나란 고대에 배우들이 사용하던 가면에서 유래한 말로, 집단 사회 속에서 요구되는 태도나 역할 등을 말합니다. 우리 모두 사회 속의 구성원으로 살아가기 때문에 누구나 페르소나를 갖는 것이 당연하지만, 내적 상태와 크게 동떨어져 있을 때는 문제가 발생할 수 있습니다. 괴리감이 크다는 것은, 자신이 갖고 있는 스트레스 상황을 긍정적으로 표출할 기회가 없거나 방법을 알지 못한다는 것을 의미합니다.

겉   속.

▲ 허재연(가명) 학생 그림

　재연이의 경우 자신이 불편한 상황에 처하는 경우에도 화를 내지 않기 위
해 노력한다고 합니다. 분쟁을 싫어하고 다툼을 피하고 싶기 때문에 자신의
감정을 억지로 참는 경우들이 겹쳐져 내면과 외적 모습 사이에 괴리가 나타
나는 것으로 보입니다. 극심한 스트레스와 불안이 쌓이면 예상하지 못한 때
와 장소에서 건강하지 못한 방법으로 나타날 수 있으며 그 이유를 알지 못
하는 타인들로부터 오해를 살 수도 있습니다.

　재연이의 그림에서도 자신을 둘러싼 상황에 불만이 가득 차 있는 것을 볼
수 있습니다. 자신의 내적인 분노때문에 충동적으로 공격적인 성향이 나타날
때도 있으리라 여겨집니다. 오른쪽 얼굴은 자신의 내면을 그린 것으로, 화가

나 있는 눈과 검게 칠한 콧구멍, 무언가를 말하고 있는 입을 표현하고 있습니다. 겉으로는 무표정으로 일관하기 때문에 무리 없이 타인을 대하는 것으로 보일 수 있으나, 실제로는 복잡한 관계들 속에서 갖고 있는 불만이 많아도 솔직하게 표현하지 못하기 때문에 답답함을 느끼고 있을 수 있습니다.

✤✤✤

예진이나 재연이의 경우처럼 청소년기, 즉 사춘기 시기에는 분노가 자주 생기며, 이를 폭발하거나 표출하고 싶은 마음이 들기도 합니다. 그러나 현실에서 그러한 감정들을 건강하게 드러내기란 쉽지 않습니다. 분노와 불안이 계속해서 생기는 것은, 자신보다 더 강한 존재에게서 받은 심리적인 압박이 크기 때문입니다. 주변에서 자신을 힘들게 하는 요인이 무엇인지 먼저 살펴보세요. 부모님과의 갈등이 문제라면 관계를 변화시킬 수 있는 방법을 찾아야 합니다. 무조건 참아서 해결하기보다 부모님께 자신의 감정에 대해 진솔하게 얘기해 보는 것은 어떨까요. 짜증을 낸다거나 부모님께 대드는 것은 오히려 역효과를 가져옵니다. 부모님의 입장이 되어 마음을 헤아리면서, 반대로 자신의 입장도 잘 이해하실 수 있도록 전달해 보는 것입니다. 더불어 부모님은 자녀가 겪는 스트레스 상황을 무시하거나 회피하지 말고, 진심으로 귀담아 들어주는 태도를 가져야 합니다. 부모의 긍정적인 기대와 평가는 자녀들이 더 열심히 살아가는 데 좋은 촉진제가 될 수 있습니다. 잘하리라 믿어 주면 그만큼 더 신이 나서 열심히 하게 되는 것이죠. 그러나 적당한 기대 수준을 벗어난 과도한 집착과 억압은 촉진제는커녕 억제제로 작용합니다. 엄격한 부모로부터 통제된 생활에 익숙한 자녀들은 그에 따른 억압된 분노로 인해 왜곡된 가치관이 자리 잡을 수 있습니다. 그리고 이는 집을 벗어난 장소에서 다른 사람들과 관계를 맺을 때 그들이 자신을 억압하려고 한다거나, 혼자만 부당한 대우를 받고 있는 것 같다는 착각을 일으키기도 합니다. 그뿐만 아니라 본인에게 주어지는 어려운 상황들을 적극적으로 해결하는 대신 회피하려는 성향으로 나타나기도 합니다.

부모님은 자녀들이 감정 조절을 할 때 어떤 어려움을 겪고 있는지 파악하고, 본인이 무의식적으로 부정적인 영향을 끼친 것은 아닌지 돌아볼 필요가 있습니다. 그리고 난 뒤에는 자녀의 감정 조절 문제에 대해 비난을 하거나 또 다른 분노를 주지 않도록 조심할 것을 권합니다. 자녀가 더 바람직한 태도와 시야를 갖도록 유도하고 가르치며 정서적으로 지지해 주는 것이 필요합니다.

카스파 다비드 프리드리히
〈안개 바다 위의 방랑자〉, 1818

명 화 로 내 마 음
어 루 만 지 기

바위산을 오르던 남자는 어느덧 가장 높은 정상에 올라섰습니다. 울퉁불퉁하게 보이는 거친 바위는 남자
가 여기까지 올라오는 길이 그리 평탄하지는 않았으리라는 것을 상상하게 합니다. 꼭대기에 올라온 남자
는 한걸음 한걸음 앞으로 내딛으며 지팡이에 의지한 채 눈앞에 펼쳐진 풍경을 내려다봅니다.

방랑자의 발아래에는 거친 안개에 쌓인 바다가 펼쳐져 있습니다. 사정없이 불어오는 바람에 바다 위를 감
돌던 안개가 덩어리져 쪼개지고 있는 것처럼 보입니다. 저 너머 어렴풋하게 보이는 또 다른 산은 아련한
느낌을 주고, 그 위로 드러난 높은 하늘은 비교적 잔잔하고 고요한 느낌을 줍니다.

이 그림을 그린 카스파 다비드 프리드리히^{Caspar David Friedrich, 1774~1840}는 19세기 독일을 대표하는 낭만주의
풍경화가입니다. 프리드리히의 작품은 광활하고 위대한 자연 앞에 선 인간의 존재에 대해 표현한 것으로
잘 알려져 있습니다. 이 작품에서 경이롭게 펼쳐진 미지의 자연 풍경은 마치 남자가 앞으로 이겨 내야 할
삶의 여정처럼 느껴집니다.

전반적으로 사선의 구도로 휘몰아치는 배경은 어딘가 모르게 불안한 마음을 갖게 하고, 이 풍경을 마주보
며 선 남자에게 녹록치 않은 시련과 역경이 닥쳐올 것을 예상하게 합니다. 멀리 중첩되어 보이는 산 역시,
남자가 한고비 한고비 넘어가야 하는 어려움들일 것입니다. 또한 가장 가까이, 발아래에 있는 바위는 현
재 남자를 위협하고 있는 고난들을 의미하는 것 같습니다. 모든 것을 집어삼키도록 솟아오를 파도와 거칠
게 몰아치는 바다를 보니, 이 남자가 조금은 두려움을 느끼고 있을지도 모르겠습니다. 그렇다면 남자는
지금 어떤 생각을 하고 있을까요? 표정이 보이지 않아 정확히 알 수는 없지만, 잘 차려입은 정장과 안정감
있게 내뻗은 다리를 보면 분명 무언가 비장한 결심을 하고 있을 얼굴이 상상됩니다.

지금 자신을 힘들게 하는 시련과 어려움이 스스로를 쓰러뜨리고 좌절하도록 만들 수 있습니다. 그럴 때는
슬픔에 처한 자신의 마음을 잘 어루만지며, "괜찮아, 누구에게나 어려움은 있는 거야. 지금 당장은 힘들
다고 느껴지지만 나는 충분히 이러한 고통에서 벗어날 수 있어. 그리고 나는 충분히 행복을 누릴 자격이
있는 사람이야." 라고 스스로를 다독여 주는 것이 제일 중요합니다.

〈안개 바다 위의 방랑자〉처럼, 한치 앞의 미래도 예측할 수 없는 것이 인생입니다. 비록 현재의 삶이 여러분을
힘들게 할지라도, 더 나은 삶으로 나아갈 수 있다는 믿음을 가지고 의지를 가져 보세요. 그림 저 멀리 고요하고
아름다운 하늘이 기다리고 있듯이, 평안과 행복으로 가득한 미래가 여러분을 기다리고 있을 것입니다.

제2장

공부는 왜 해야 하죠?

"절망하지 마라. 종종 열쇠꾸러미의 마지막 열쇠가 자물통을 연다."
-체스터필드Chesterfield

조르조 데 키리코
〈거리의 신비와 우울〉, 1914

명화로 내 마음
들여다보기

조르조 데 키리코^{Giorgio de Chirico, 1888~1978}는 입체주의의 영향을 받은 이탈리아의 화가로, 공간 속에서 독특하고 신비스러운 분위기를 만들어 내는 특징이 있습니다. 현실에 있을 법한 풍경을 그리면서도, 어딘가 이상하고 뒤의 장면을 궁금하게 만드는 작품을 그립니다.

〈거리의 신비와 우울〉은 정확한 형태가 드러나는 건축물들 사이의 공간을 그려 낸 그림인데, 제목에서부터 느껴지는 것처럼 어딘가 불안하고 우울한 느낌을 줍니다.

화가는 제1차 세계 대전이 끝난 이후 사람들의 마음속에 쌓인 불안감과 초조함, 위협을 느끼는 기분들과 두려움에 대해 표현하고 있습니다. 굴렁쇠를 굴리며 달려가는 소녀가 어디로 가는지는 모르겠지만, 오른쪽의 커다란 어둠이 곧 소녀를 집어삼킬 것만 같습니다. 오른쪽에 그림자로 비치는 인물이 소녀가 있는 공간을 더욱 불안하게 만들고 있습니다. 저 멀리 커다랗게 보이는 인물은 누구일까요? 그가 손에 든 것은 무엇이며, 소녀가 그 인물을 만난다면 어떤 일이 일어날까요?

인간은 자신이 확신할 수 없는 상황에 놓이면 불안을 느끼게 됩니다. 특히 자신의 미래가 어떻게 될지 불확실하게 생각하는 청소년 시기에는 자신의 의지와 상관없이 '해야만 하는 일'들에 우울과 슬픔을 느끼기도 합니다. '해야만 하는 일'의 대표적인 예가 바로 '공부'일 것입니다. 굴렁쇠를 굴리던 아이가 어두운 그림자에 의해 위험해질 것 같은 느낌을 주는 앞의 그림처럼, 청소년들은 종종 다른 사람들에 의해 미로에 갇혀 버린 것 같은 심리적인 불안을 호소합니다. 게다가 의욕이 없는 상태에서 어쩔 수 없이 공부를 해야 하는 상황이라면, 스스로 불안감과 무기력을 다루기가 쉽지 않습니다. 청소년들은 자신이 무엇 때문에 불안을 느끼고 있는지를 정확히 깨달아야 하고, 주변의 도움과 자신의 에너지를 동원하여 이러한 불안감을 건강하게 해소해야 합니다. 공부를 하는 것에 있어서도 목적의식을 갖고 의욕을 높이는 것이 중요할 것입니다.

1
난 머리가 나빠요

"안녕하세요. 17살, 고등학교 1학년 학생인데요. 저는 솔직히 머리가 너무 나쁜 것 같아요. 왜냐하면 저는 음악도 못하지, 미술도 못하지, 공부도 못하지. 그나마 체육만 아주 약간 잘하는 것 같아요. 축구하고 운동하는 건 괜찮은데 특별히 잘하는 것이라든지, 좋아하는 것도 없어요. 학교에선 나름대로 필기도 잘하고 수업도 잘 듣고 하는데, 제 옆에서 수업시간에 매번 잠만 자는 친구보다도 성적이 안 좋아요. 이 정도 실력이면 대학도 못 간다고 하는데…… 저는 진짜 머리가 나쁜 것 같아요."

과거에도 현재에도 이와 비슷한 고민을 하는 청소년은 아주 많습니다. 사실 대한민국 모든 청소년들의 고민이 아닐까 싶습니다. 대학 진학 자체도 고민이지만 자신이 잘할 수 있는 것이 없다고 생각하는 것이 가장 큰 고민입니다.

보통 청소년들의 지능은 12~14세까지 급상승하다가 그 이후에 발달 속도가 완만해지며 17~18세 무렵에 정점에 달합니다. 이러한 관점에서 보면, 지금은 정점에 도달하기 위해 준비하는 시기로 깊은 생각을 하며 사고를 확장해 가는 단계라고 볼 수 있습니다.

실제로 1921년 미국의 심리학자 루이스 터먼Lewis M. Terman은 지능에 관한 실험을 하였습니다. 캘리포니아 지역의 초등학생과 중학생들을 대상으로 지능지수가 우수한 1,470명의 학생을 선별하였습니다. 연구팀은 반세기에 걸쳐서 이 우수한 지능을 가진 집단의 아이들이 성장하며 보인 직업 변화와 승진 등의 정보를 기록하였고, 이들이 사회적으로 성공하리라고 예상하였습니다. 그러나 놀랍게도 이 집단에서 몇 명의 유명인사가 나오기는 했지만, 대부분이 아주 평범한 일에 종사한 것을 알아냈습니다. 오히려 이 1,470명에 끼지 못했던 아이들 중에서 노벨상 수상자가 배출되었습니다. 이러한 결과를 바탕으로 연구팀은 성공과 실패를 결정하는 것은 지능이 아니며, 자신의 재능에 따라 진로를 선택하고 본인이 택한 일에 집중적으로 노력한 사람이 성공했다는 결론을 내렸습니다.

공부로 인한 끝없는 압박감

중학교 3학년인 진성이는 고개를 푹 숙인 채, 자신감 없는 목소리로 말합니다.

"선생님, 저는요 독서실에서 밤을 새며 공부를 해요. 이 정도면 열심히 한다고 생각하는데 성적이 자꾸 떨어져요. 전 머리가 나쁜가 봐요."

그림에서 주인공은 시험 결과의 충격으로 눈물을 흘리고 있으며 그 스트레스와 좌절감을 무채색으로 나타내고 있습니다. 점수를 표현한 시험지에서 슬프고 우울한 감정이 드러납니다.

▲ 박진성(가명) 학생 그림

공부를 열심히 해서 좋은 성적을 받고자 하는 꿈이 있는데 아무리 열심히 해도 기대했던 점수가 나오지 않으면, 이제는 공부를 해도 소용이 없을 것 같다고 자포자기하는 심정이 들 수 있습니다. 이러한 스트레스에 시달리다 보면, 결국 공부를 왜 해야 하는지에 대한 의문이 들기도 합니다. 스스로 원해서 하는 것이 아니라 타인의 기대를 충족시키기 위해 공부하는 상황에서 능률이 오르지 않는 것은 어찌 보면 당연한 일일 것입니다. 공부뿐만이 아니라 다른 일을 할 때에도 마찬가지, 자신이 왜 그 일을 하고 싶은지에 대한 동기를 얻는 것이 중요합니다. 더불어 부모님들은 많은 고민을 하고 있을 우리의 자녀들에게 긍정적인 기대를 표현하며 격려하고 칭찬해 주어야 합니다.

성적은 머리가 좋고 나쁨의 영향을 어느 정도 받지만, 공부하는 방법과 습관에 의해 더 큰 영향을 받습니다. 공부할 때에는 자신이 어떤 강점을 갖고 있는지, 무엇이 부족한지를 파악하는 것이 중요합니다. 따라서 공부 방법을 개선해 보거나 주변의 조언을 듣는 것이 필요합니다. 보다 생산적이고 합리적인 공부 습관을 세우고, 지치지 않는 선에서 효율적으로 시간을 관리하여 공부 시간에는 온전히 집중할 수 있도록 계획을 세우는 것이 무엇보다도 중요할 것입니다.

앞에서 말한 바와 같이, 우리의 뇌는 열심히 사용하고 노력하면 변화를 만들어 냅니다. 머리가 나빠서 아무것도 할 수 없다고 미리 좌절하기보다는 지금 부족한 부분들을 개선하고 새로운 방식으로 공부를 시도해 본다면, 더 좋은 성적을 얻을 수 있을 것입니다

✤ ✤ ✤

다음은 고등학교 1학년의 영호의 이야기입니다.

"선생님, 어제는 시험을 보는 꿈을 꾸었어요."

"그랬구나, 무슨 일이 일어났니?"

"꿈에서 시험공부를 정말 열심히 했어요. 근데 점수는 0점을 받은 거예요."

"영호가 많이 속상했겠구나."

"점수를 보는 순간, 갑자기 등이 오싹할 정도로 너무 놀랐었는데요. 잠에서 깨고 나서는 꿈이라서 정말 다행이라고 생각했어요. 너무 절망적이었어요."

시험 기간이 다가오는 영호와 나눈 대화입니다. 영호는 평소 착실한 태도로 학교생활을 하고 있으며 성적도 상위권에 속하지만, 정작 자신이 공부하는 데 들이는 노력에 비해서는 점수가 잘 나오지 않는다고 생각합니다. 영호는 주변 친구들과 끊임없이 경쟁하며, 자신이 다른 친구에 비해 머리가 나쁘다고 생각하고 있습니다. 영호가 바라는 것은 꿈을 실현시키는 것보다는 뭐든지 1등으로 해내는 것입니다.

영호는 현실에서 느끼는 과도한 부담감을 그림으로 표현한 것으로 보입니다. 슈퍼맨 옷을 입고 있는 영호의 모습에서 '무엇이든지 잘하는' 사람이 되고 싶어 하는 욕구가 드러납니다.

아마도 '다 잘해야 한다.'는 압박감이 현실에서 영호에게 더 큰 좌절감을 준 것이 아닌가 싶습니다. 지금 우리 사회는 중·고등학교 때뿐만이 아니라 사회에 나간 후에도 끊임없는 경쟁을 하면서 살아가도록 만듭니다. 학교에서는 시험 점수와 수행평가 점수로 옆 사람들과 계속 경쟁을 부추기며, 사회

▲ 최영호(가명) 학생 그림

에서는 업무 능력과 실적으로 다른 사람들과 경쟁하게 만듭니다.

적당한 긴장감과 경쟁의식은 성공적인 삶을 살기 위해서 꼭 필요한 요소입니다. 하지만 경쟁 상황에서 자신이 아닌 다른 사람에게만 기준을 맞추어 살아간다면, 삶에 만족하지 못하는 것은 물론 좌절감만 더 커질 것입니다. 다른 사람의 시선에 맞춰서 평가받으며 사는 삶은 결국, 영호가 자신만의 꿈을 꾸지 못하게 막는 것이기도 합니다. 부모님의 과도한 관심이 꼭 1등을 해야만 한다는 압박감으로 다가온 것은 아닐까요. 영호가 앞으로의 삶을 스스로 생각해 보고 결정할 수 있는 기회를 주는 것은 어떨까요.

고등학교 1학년인 은혜는 시험 기간 스트레스에 시달린 적이 굉장히 많다고 합니다.

"시험 기간만 되면 너무 긴장되고 무서워요."
"시험에 대한 부담이 크게 느껴지나 보다."
"그것도 그런데, 선생님이 저만 감시하는 것 같고요. 저만 자꾸 쳐다보시는 것 같아서 긴장이 돼요. 시험이 끝나면 성적이 엄청 걱정되고요. 부모님이 잔소리를 하시는 게 상상이 되면서…… 제 마음을 막 조여 오는 것 같아요."

은혜는 시험에 대한 스트레스를 그림으로 이야기합니다. 이 시기를 언제 벗어나게 될지 몰라 두렵고 힘들기만 한 은혜는 자신의 뒷모습을 그렸습니다. 현재의 불안하고 답답한 마음에서 벗어나고 싶은 기분을 드러내고 있습니다. 또한 자신을 감시하는 것처럼 보이는 선생님의 눈빛을 강조함으로써, 선생님의 시선에 굉장히 예민하게 반응하고 있다는 것을 표현하고 있습니다.

시험은 항상 우리를 긴장하게 만듭니다. 청소년기 학생들이 시험 스트레스를 받는 가장 큰 이유는 부모님의 잔소리가 아닐까 싶습니다. 시험 그 자체로 보자면 그동안 배웠던 것을 어느 정도 익히고 있는지 확인해 볼 수 있는 계기가 되고 부족한 부분에 대해 더 노력할 수 있는 자극이 되어 나쁠 것

▲ 구은혜(가명) 학생 그림

이 없지만, 결과에 따른 좌절감과 주변 시선에 대한 두려움이 모든 것을 덮어 버립니다.

부모님에게 혼나지 않기 위해 공부하는 것은 독립적이고 주체적인 사고를 갖추고 성장해야 하는 청소년기 학생들의 발달 단계에 역행하는 태도입니다. 잘하는지 못하는지 감시하고 살펴보는 학교 선생님들의 눈빛도 학생들의 마음을 답답하게 만듭니다. 결국 잘해야 한다는 부담감에 기본적인 것에서 실수하기도 합니다. 시험이 끝나고 '아, 나 이 문제 아는 건데…… 내가 왜 이렇게 했지?' 라는 생각을 많이 해 보셨을 것입니다. 적당한 긴장은 유용할 수 있지만 지나친 긴장은 오히려 역효과가 나게 합니다.

자의식이 발달하는 청소년기는 자신에 대한 다른 사람의 시선에 예민해지는 시기입니다. 입시와 공부로 힘들어할 청소년들에게 시험 그 자체에 얽매어 생각하고 행동하는 것이 아니라, 스스로 주체적인 활동을 할 수 있도록 다양한 기회를 경험하게 해 주는 것이 필요합니다.

청소년기에는 다른 시기보다 주의집중력이 훨씬 증가하며, 뇌의 어떤 영역을 얼마나 사용하고 지적 활동을 얼마나 많이 하느냐에 따라 그 발달 정도가 달라지게 됩니다. 그러므로 긴 미래를 생각할 때 현재의 성적이 낮은 것은 크게 문제될 것이 없습니다.

⚜ ⚜ ⚜

자신감이 부족하고 불안함을 느낄수록 우리는 자신도 모르게 긴장을 하게 되어 원래 잘할 수 있는 일들도 실수를 하고, 그러면서 좌절 상태에 빠질 수 있습니다. 여기서 생긴 좌절감은 우리가 어떤 일을 시작도 하기 전에 겁먹고 도망치도록 만들기도 합니다. 그러다 보면, 이 중요한 시기에만 겪을 수 있는 많은 멋진 경험들을 놓치게 되지 않을까요?

다행히 우리의 뇌는 '가소성'이 있다고 합니다. 가소성은 우리가 점토를 만지는 경우를 상상해 보면 이해가 쉽습니다. 점토를 손에 쥐거나 두드리는 등 여러 방법으로 만지면, 만지는 대로 그 모양이 변화하지요. 이렇게 변형 가능한 특징이 뇌신경에도 그대로 적용되는 것입니다. 뇌를 자극하면 그 반응으로 뇌신경의 변화가 일어나며, 나중에는 자극이 없어도 발달한 상태가 지속되게 됩니다. 이와 같은 뇌의 가소성 덕분에 학습능력과 기억력을 발달

시킬 수 있는 것입니다. 뇌는 사용하면 할수록 더욱 발달하기 때문에, 우리의 지능도 얼마든지 더 개발될 수 있습니다. 따라서 좌절감이나 불안감보다는 긍정적인 마음을 가지고 미래에 대해 생각한다면 더 좋은 기회들이 주어질 것이고, 자신도 모르는 부분에서 본인의 장점이 드러나게 될 것입니다.

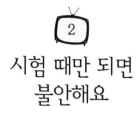

2
시험 때만 되면
불안해요

"저는 이제 고등학교 1학년이 되는 학생입니다. 중학교 때도 시험에 대한 불안감 때문에 실수를 많이 했는데요. 이제는 이 불안감을 없애고 싶어요. 시험 기간만 되면 불안해서 소화도 안 되고 두통도 생겨서 오히려 공부를 더 못하게 돼요. 이 불안한 마음을 어떻게 하면 조금이라도 떨쳐 낼 수 있을까요?"

중학교에서 고등학교에 올라가는 시기에 있는 학생의 이야기입니다. 소위 '중3병', '고3병', '재수병'이라는 단어는 의학 사전이나 의학 교과서에서는 찾아볼 수 없는 말입니다. 이는 우리나라 특유의 사회교육제도 하에서 자연발생적으로 탄생한 질병 용어로 외국문헌에는 단지 '시험불안' 정도로 알려져 있습니다. 저도 어릴 때 시험 기간만 되면 신경이 예민해지고 힘들어지는 경우가 많았습니다. 갑자기 배가 아프다거나 소화가 안 된다거나 심장이 두근거려서 문제를 침착하게 보지 못하는 등의 증상을 누구나 한 번씩은 경험해 보았을 것입니다. 시험을 앞두고 겪는 이런 증상들은 옛날이나 지금이나, 어린아이부터 청소년과 성인에 이르기까지 누구나 경험하는 것 같습니다.

시험을 볼 때, 심리적인 불안과 압박감을 많이 느끼는 학생들은 열심히 외웠던 것인데도 생각이 잘 안 나고, 집중도 안 되며, 잠도 계속 쏟아져 노력했던 것만큼 성적이 나오지 않는 경우가 많습니다. 이러한 실패 경험이 반복될수록 시험에 대한 심리적인 불안은 더 커지고 학습된 무기력에 빠지기도 합니다. 시험은 일종의 학습 테스트이고 객관적인 평가를 받는 것입니다. 시험불안이 생기는 이유는 이러한 평가 상황에서 우선 자신이 평가 대상이 된다는 것과 시험을 못 보았을 때 부모님이나 선생님으로부터 받을 꾸중에 대한 두려움과 공포 때문입니다. 또한 공부를 잘해서 남에게 인정받아야 한다는 심적 부담도 극도의 스트레스로 작용합니다. 시험 전의 적당한 긴장과 스트레스는 집중을 할 수 있게 해 주는 긍정적인 요소가 되지만, 앞에서 말했듯이 과도한 압박과 부담감은 실력 발휘를 충분히 하지 못하게 하는 방해 요소가 됩니다. 따라서 긴장과 스트레스 상황에서는 항상 자신의 마음을 조절하려고 노력하는 것이 필요하며 혹시 준비를 많이 하지 못했을 경우에는 심호흡이라도 크게 한두 번 하는 것이 도움이 될 수 있습니다. 마음을 편안하게 가지고 집중해서 최선을 다하고, 어렵더라도 반복적으로 시험불안을 극복하기 위한 자기암시를 위해 계속 노력한다면, 오히려 시험은 한층 더 자신을 성장시키는 좋은 계기가 될 것입니다.

시험의 공포

고등학교 1학년 민정이와 고등학교 3학년인 주희는 자매입니다. 민정이

▲ 고민정(가명) 학생 그림

108

와 주희는 둘 다 시험 기간에 너무 긴장되고 불안해합니다.

민정이는 이렇게 말합니다.

"선생님, 저는 시험 기간만 되면 긴장되고 불안해요. 시험지를 대면한 순간 눈앞은 캄캄해지고 글자가 눈에 들어오지 않아요. 공부했던 내용들도 잘 생각이 나지 않고 어지럽기만 해요. 시험을 치면서도 뻔히 보이는 결과 때문에 제 자신이 너무 실망스럽고 후회스러워요."

민정이와 주희는 모두 시험 기간에 느끼는 불안함 때문에 힘들어합니다. 먼저 민정이의 그림에 대해 이야기해 보겠습니다. 민정이의 그림에서는 시험을 보고난 다음에 느끼는 후회가 보입니다. 다른 친구들보다 더 열심히 한다고 생각하는 민정이는 막상 시험 시간이 되면 긴장되고 두려운 마음이 들어 안절부절못하는 자신을 창피해합니다. 까만 안경알을 통해 앞이 캄캄한 것처럼 느껴지는 마음을 표현한 민정이의 그림에서 답답함과 두려움, 과도한 스트레스를 엿볼 수 있는데요. 시험지와 헝클어진 선들을 손가락으로 뭉개서 음영을 표현한 것을 통해 신경질적이며, 불안한 심리를 드러내고 있습니다.

✤ ✤ ✤

다음은 수험생 주희의 이야기입니다.

"시험은 언제나 저를 긴장하게 만들어요. 모의고사에서 단 2점으로 전체 점수가 바뀌고 석차가 바뀌니 너무 예민해져요. 제가 원하는 대학을 가지 못할까봐 너무 걱정이 돼요. 시험을 볼 때면 손에 땀이 나고, 친구들마저 경쟁자로 느껴져 미워 보이기까지 해요. 모두 라이벌 아니면 적으로 생각돼요."

주희는 전체적으로 파랑색을 사용하여 자신의 우울하고 불안한 마음을 표현하고 있습니다. 친구들을 경쟁자로 생각하는 주희는 자신과 그들을 분리하여 경계하고 있습니다. 자신의 주변에 선을 그은 후 친구들을 거칠게 지

▲ 고주희(가명) 학생 그림

우듯이 표현하여 극대화된 스트레스를 보여 주고 있습니다. 시험에 대한 과도한 불안감과 스트레스에 시달리고 있다는 것을 알 수 있습니다.

민정이는 고등학교라는 새로운 환경에 적응하느라 더 힘들 수 있습니다. 주희는 매년 바뀌는 입시 형태와 대입제도의 변화 때문에 많이 힘든 상태입니다. 민정이와 주희처럼 시험불안을 가진 아이들을 도우려면 우선 아이들의 시험 부담을 줄여 줘야 합니다. 시험에 대한 부담감으로 자살을 선택하는 청소년들이 늘어나고 있습니다. 이 불안은 열등생보다는 오히려 우등생에게 많은데요, 민정이와 주희도 반에서는 상위권에 속하는 친구들입니다. 공부를 잘하는 아이들이 그렇지 않은 아이들에 비해 공부를 잘해서 남에게 인정받아야 한다는 심적 부담이 상대적으로 크기 때문에 더 많은 스트레스를 받을 수 있습니다.

⚜ ⚜ ⚜

시험불안 증세를 보이는 대부분의 아이들은 성격이 내성적이고 소심하며 꼼꼼하여 강박 성향을 띠는데 이는 경쟁심이나 욕심이 많은 아이들에게 많이 나타납니다. 혹은 부모의 과잉 기대 때문에 나타날 수도 있습니다. 이런 아이들은 스트레스에 대처하는 능력이 떨어집니다.

심리학자들은 시험불안이 생기는 이유에 대해 다음 세 가지를 들었습니다. 첫 번째는 과도한 각성, 즉 너무 긴장을 안 할 때와 마찬가지로 극심한 긴장 상태에서도 실수가 잦아진다는 것입니다. 두 번째는 불안감입니다. 망치면 어쩌지 하는 불안감이 머릿속에 가득 차 있는 상태에서는 집중해야 할 에너지가 모두 불안감으로 소모될 수밖에 없습니다. 세 번째는 준비 부족입니다. 이는 실제로 시험에 대한 대비가 되어 있지 않을 때 겪는 불안감입니다.

자녀의 성적이 부진할 경우 초조해진 부모가 아이를 닦달하는 경우를 흔하게 볼 수 있습니다. 그러나 선생님이나 부모님들은 아이들이 시험에 대해 불안감을 느끼지 않도록 도와줘야 합니다. 아이를 비난하기보다는 장점을 찾아 칭찬을 해 줌으로써 자신감을 심어 주고, 공부에 대한 흥미를 잃지 않게 해 주는 것이 중요합니다.

3
아무리 노력해도
성적이 오르지 않아요

"부모님께서는 제가 공부를 잘하는 것이 가장 중요하다고 하셔요. 저 역시 공부하기 싫다고 생각하다가도 딱히 다른 재능이 있는 것 같지 않아 억지로 하긴 해요."

"다른 친구들은 노는 것 같은데 점수가 잘 나오고, 저는 아무리 해도 점수가 거기서 거기인 것 같아요. 노력해도 성적이 오르지 않은데 어떡하죠……."

노력한 대로 점수가 잘 나와 준다면 얼마나 좋을까요. 주변을 보면 다른 친구들은 그다지 열심히 하는 것 같지 않은데, 이상하게 점수는 잘 받는 것처럼 보입니다. 그러면 엄청 열심히 공부했다고 생각하는 우리는 더욱 큰 좌절을 느끼기 쉽습니다. 특히 이러한 좌절감은, 공부의 목표를 '높은 점수 얻기'로만 생각했을 때 더욱 심해집니다. 공부의 목적은 높은 점수 그 자체에 있는 것이 아니라, 만족스러운 점수를 얻기 위한 과정에 있다는 것을 잊지 말아야 합니다. 우리가 공부를 하는 이유는 무엇인가요? 단순히 '다른 사람들보다 처지기 싫어서', '다른 할 게 없어서'라는 말은 올바른 대답이 아닙니다.

성적 스트레스

중학교 1학년 예지는 시험이 정말 싫다고 그림을 그리는 내내 이야기합니다.

"전 시험이 너무 싫어요. 첫 번째 이유는 시험을 잘 못 보면 엄마가 때리기 때문이고, 두 번째 이유는 공부 잘하는 짝꿍이 항상 저를 비웃기 때문이에요. 저의 성적을 친구들이 알게 될까봐 불안해서 항상 선생님과 친구들의 눈치를 봐요. 공부를 잘해야지만 훌륭한 사람이 되는 건 아니잖아요…… 시험을 없앴으면 좋겠어요."

예지는 친구들이 성적에 대하여 이야기할 때 많은 스트레스를 받고 있습

▲ 홍예지(가명) 학생 그림

니다. 그림에서 예지는 위축된 자신의 모습을 표현하면서 불안함과 두려움을 나타내고 있습니다. 학업 문제가 단순히 점수의 높고 낮음에서 오는 스트레스에서 끝나는 것이 아니라 또래 관계의 어려움으로까지 연결되고 있는 것으로 보입니다. 공부를 잘하는 친구와 자신을 비교하여 자존감이 더욱 떨어지고 있음을 알 수 있습니다. 도화지 아래쪽에 뒷모습으로 표현한 것으로 보아, 예지가 선생님을 긍정적인 인물이 아닌 압박감을 주고 있는 인물로 느끼고 있음을 추측할 수 있습니다. 신체적 에너지가 낮고, 불안정한 심리 상태를 약해 보이는 신체 표현으로 드러내고 있습니다.

　중학교에 들어온 지 얼마 되지 않은 1학년 예지는 시험 점수가 낮으면 주위 친구들이 비웃을 거라는 걱정을 하고 있습니다.

청소년들은 고3보다 환경이 많이 바뀌는 시점인 중1, 고1 때 가장 많은 스트레스를 받는다고 합니다. 또래 관계 형성이 중요한 중학교 1학년 시기에 성적 문제가 친구들과의 관계도 어색하게 만듭니다. 주위를 너무 의식하며 '사람들이 날 어떻게 볼까?'하는 걱정이 늘수록 자아는 점점 더 위축되고 작아지게 됩니다.

다른 사람이 나를 어떻게 볼지 항상 걱정된다면 자신을 '공적 자기의식 Public Self Consciousness'의 관점에서 살펴볼 필요성이 있습니다. 공적 자기의식은 제삼자의 관점으로 자신을 바라보고 관찰하고 평가하고 의식하는 것을 말하는데요. 성공한 사람이 되기 위해 자신의 성적을 올리고자 한다면 약간의 긴장과 공적 자기의식이 필요할지도 모릅니다. 하지만 생각의 중심이 자신이 아닌 다른 사람에게 향해 있을 경우, 스트레스를 받기 쉽고 그러다 보면 성적이 오르지 않을 것입니다. 부모님과 선생님들은 학생들에게 긍정적인 피드백과 함께 할 수 있다는 자신감을 심어 줘야 합니다. 긍정적 기대를 받고 있는 학생과 그렇지 않은 학생은 분명히 차이가 나기 마련입니다.

☩ ☩ ☩

공부를 해도 오르지 않는 성적 때문에 스트레스가 심한 고등학교 1학년 유정이는 가끔은 자신이 공부를 하기 위해 태어난 것이 아닌가 하는 생각이 들기도 합니다.

"친구들과 즐거운 시간도 보내고 싶고 공부와 관련 없는 정말 제가 하고 싶은 일을 찾고 싶어요. 하지만 현실상 공부를 하지 않으면 문제아 취급을 받고 원하는 대학에 갈 수 없을 것 같아요."

▲ 조유정(가명) 학생 그림

유정이는 이러한 두려움 때문에 책상에 앉아 공부를 하려고 하지만 집중하기가 어려워 그냥 시간을 보낼 때가 많습니다. 이런 자신의 모습을 한심하게 생각하기도 하며 다가오는 시험 걱정 때문에 힘든 모습을 보입니다. 그림에서 눈물을 흘리고 있는 모습은 현재 유정이가 스트레스를 많이 받고 있는 상태임을 나타냅니다.

시선의 방향을 통해 현재 위축되어 있으며, 우울하고 좌절된 자아상을 엿볼 수 있습니다. 자신이 원하는 만큼 외부와 소통이 잘 이루어지지 않고 있음도 알 수 있습니다.

✤ ✤ ✤

고3 수험생 도연이는 이렇게 말했습니다.

"수험생이 된 후 시험이 너무 힘들어요. 성적은 오르지 않고 시간이 계속 흘러가는 것 같아 두려워요. 대학 진학과 진로에 대해 고민해 보지만 아직 제가 가야 할 방향을 잘 모르겠어요. 항상 무언가를 하기 위해 계획을 세우지만 뜻대로 잘 되지 않아요. '계속 공부해 봤자 무슨 소용이 있을까?'하는 비관적인 생각만 들어요. 방학이 지나고 개학을 했지만 바짝 다가온 입시 때문에 머릿속은 성적에 대한 걱정으로 가득 차 있어요."

도연이는 입시에 대한 압박을 느끼며 지내고 있습니다. 도화지 전체에 시험지를 가득 차도록 그려 넣어 시험에 대한 부담감과 두려움을 강조했습니

▲ 장도연(가명) 학생 그림

다. 대체적으로 노란색은 긍정적이고 활동적인 색상으로 밝음을 상징하지만, 이 그림에서는 시험에 대한 분노의 폭발 및 자신을 불안하게 하는 색으로 사용되어 시험에 대한 불만과 우울한 심정을 드러내고 있습니다.

✛ ✛ ✛

다음은 고3 수험생 민석이와 나눈 대화입니다.

"고3이 된 후 밑 빠진 독에 물을 붓고 있는 듯한 느낌이 들어요. 공부를 열심히 해도 성적은 오르지 않고 계속해서 반복되는 일상들이 너무 버거워요. 지금은 애써 감당해 보려고 버티는 중이지만 더 이상 견디기 힘들다는 생각이 자주 들어요. 멈추고 싶은 마음이 굴뚝 같아요. 그러나 포기할 수 없는 현실 때문에 좌절감만 쌓이고 계속해서 이런 일상이 반복되는 것이 너무 힘들기만 해요."

민석이는 자신이 감당해야 하는 시험 성적에 대한 부담감의 무게를 구멍이 뚫린 양동이와 주전자에서 나오는 물로 표현하였습니다. 화면 속에서 자신에게 물을 붓고 있는 존재가 누구인지 구체적으로 드러나지는 않지만, 손의 크기가 크고 거칠게 표현된 것으로 보아 자신이 제어할 수 없는 힘을 가진 대상으로 파악할 수 있습니다. 현재 성적에 대한 부담감을 감당하기 힘들 만큼 느끼고 있음을 표현하고 있으며, 과도한 학업 스트레스로 인해 위태로운 자아상은

▲ 유민석(가명) 학생 그림

구멍 난 양동이에 물을 채워야 하는 모습으로 묘사되고 있습니다.

⚜ ⚜ ⚜

흔히 '고3병'이라고 불리는 학업 스트레스는 외부의 지나친 기대로 인하여 입시와 시험에 대한 정서적 불안이 나타나게 할 수 있습니다. 부모님이나 선생님이 '넌 ○○대학을 가야 해!', '이 정도로 해서 대학을 갈 수 있겠니?'라는 말로 불안감을 조성합니다. 이러한 정서적 불안은 공부에 대한 집중력을 떨어뜨립니다. 공부에 대한 집중력이 낮아지면 자연히 성적이 떨어질 수밖에 없겠죠. 성적은 점점 더 부담으로 다가오게 되고 그럴수록 고3 시간은 더 힘들게 느껴집니다. 이 세상에 수험생을 하고 싶은 사람은 아무도 없을 것입니다. 하고 싶은 일보다는 하기를 기대 받는 일이 우리의 일상이 되었을 때, 우리는 스스로가 인생의 주인공이라는 자율성과 주체성을 잃고 모든 일이 힘들다고 느끼게 됩니다. 이는 대부분의 고3 수험생들이 느끼는 감정일 것입니다. 어른들은 자녀들이 주체적인 결정을 내릴 수 있도록 각자의 다른 내적 동기를 존중하며, 자녀들은 지치고 힘들어도 원하는 것을 해내기 위해 밀고 나갈 수 있는 자기 안의 힘을 키워 나가는 것이 필요합니다. 주말에 가족과 같이 식사를 하며 평소에 나누지 못했던 대화를 나눠 보는 것도 좋고, 친구들을 만나 고민을 이야기하며 스트레스를 푸는 것도 좋은 방법입니다.

스스로 공부하는 목적을 세워 보는 것은 어떨까요? 자신이 관심 있는 것, 좋아하는 것을 생각해 보고 그와 연관 지어 미래의 꿈을 계획할 것을 추천합니다. 지금의 공부가 그 꿈을 이루기 위한 발판이 되어 줄 것이라 생각한다면, 같은 시간을 공부하더라도 이전과는 사뭇 다른 느낌으로 와 닿게 될 것입니다.

공부를 자꾸
포기하게 돼요

"아무리 노력해도 잘 안 돼요. 아무것도 하기 싫어요."

　남녀노소 상관없이 시험이라는 것을 보는 사람들은 성적과 점수에 대해 많은 걱정과 고민을 하게 됩니다. 이는 특히 시험 성적이 과도하게 중요시되는 우리나라 학령기 아이들이 가장 많이 하는 고민이기도 합니다. 그뿐만 아니라 청소년들의 피곤함과 무기력의 원인 중 가장 큰 비중을 차지하는 스트레스 요인이기도 합니다.

　성적에 대한 불안과 부담감은 우울과 같은 심리적인 어려움을 주기도 합니다. 우리나라의 청소년들은 대부분 대학 진학을 목적으로 공부하는데, 의지와 상관없이 강요된 공부만 하다 보면 진정한 목적의식이 형성되지 않아 방황을 하게 되고 공부와 성적은 그저 부담감과 스트레스로만 여겨지게 됩니다.

공부를 대하는 적극적인 자세 vs 수동적인 자세

주호는 아무거나 마음 가는 대로 그려 보라는 치료사 선생님의 말에, "정말 마음대로 그려도 되나요?"라고 머뭇거리며 말합니다. 이내 준비된 연필,

▲ 김주호(가명) 학생 그림

색연필, 오일파스텔을 쓰지 않고 자신의 필통에서 볼펜을 꺼내 들었습니다. 마음대로 그려도 되냐며 재차 확인을 한 후에야 작업을 시작하며 이렇게 얘기합니다.

"요즘 제 머릿속은 뱅뱅 돌고 있는 것 같아요. 계속해서 돌기만 하다 끝날 것 같아요."

그림을 완성하고는 치료사 선생님에게 이렇게 이야기합니다.

"요즘 성적이 떨어져 불안한 마음이 들어요. 원하는 점수에서 점점 멀어지고 있어요."

주호는 자신이 느끼는 혼란과 갈등을 원의 형태로 상징화하여 표현했습니다. 딱딱하게 그려질 뿐더러 수정하기도 어려운 볼펜을 선택한 것은 더 이상 되돌릴 수 없는 성적과 관련한 긴장 상태를 보여 줍니다. 또한, 현재 만족하지 못할 만한 성적 때문에 내적 에너지 역시 집중되지 못하고 있고, 분명한 해결 방안을 찾는 데 몰두하기보다는 현재의 실패감에 눌려 고민하고 있는 것으로도 해석 가능합니다.

✣ ✣ ✣

혜진이도 주호와 같은 마음 상태를 이야기했습니다. 혜진이는 종이 한가득 높은 산을 그리고 나서, 지금 정상을 올라가고 있다고 말합니다. 계속해서 산에 올라가고 있지만 정상은 아직까지 너무 멀고 높아 보인다고 합니다.

"정상에 도달하기 위해서는 많은 장애물들이 있는데요, 저는 이 장애물들을 잘 해결해 나가고 싶어요."

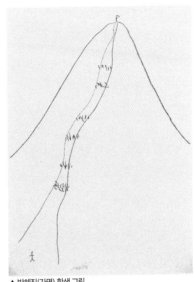

▲ 박혜진(가명) 학생 그림

그러나 혜진이는 너무 힘들어서 자꾸만 포기하게 되고 시간도 너무 오래 걸리는 것 같다고 합니다. 자신은 최선을 다하고 있지만 그 결과는 항상 모두를 실망시키기만 한다고도 이야기했습니다.

종이를 세로로 세워 산을 그려 넣음으로써 상승에 대한 욕구를 극대화하여 표현했습니다. 자신이 현재 집중하고 있는 정복 대상의 강인함, 즉 상징적으로 표현된 장애물이 가진 어려움과 달성하기 힘든 과정들을 나타냈습니다. 혜진이의 모습은 크고 높은 산에 견주어 매우 작게 나타나 있는데, 이는 달성하고 싶은 목표 앞에 위축되어 있는 자신을 의미하며, 계속해서 노력하고 있음에도 불구하고 나아지지 않는 성적 때문에 위축된 상태임을 보여 줍니다. 또한 길목 사이사이에 그린 수풀들은 목표 지점으로 도달하기까지 거쳐야 하는 심리적 장애물들을 상징합니다.

❀ ❀ ❀

원하지 않는 공부를 하게 되어 스트레스 상황에 놓이거나, 노력을 한다고 해도 목표에 이르지 못해 좌절감을 느끼는 상황이 되면 생각해 볼 것이 있습니다. 공부하는 목적이 무엇인지 말입니다. 자신이 원하는 미래의 모습을 그리며 어려운 것을 극복하고 공부하는 사람이 있는가 하면, 단지 부모님께 인정받기 위해 높은 점수를 얻고자 하는 사람도 있습니다. 물론 둘 다 좋은 성적을 얻을 수 있을지 모릅니다. 그러나 스스로 왜 공부하는지 모르면서 단지 인정받고 싶은 마음에 공부하는 사람은 이후에 더 어려운 공부를 하거나, 더 큰 목표로 나아가는 데 견디기 힘든 좌절감을 느낄 수도 있습니다. 청소년기 자녀를 교육하는 부모님께는 그간의 태도를 돌아볼 것을 권합니다. 성적표에 나온 점수만을 가지고 아이의 다양한 재능을 무시한 채 무능력하다고 평가했던 건 아닌지, 아이의 장점을 함께 찾아가기보다는 무조건 높은 점수만을 강요했던 것은 아닌지 말입니다. 기대를 걸었던 아이가 생각만큼 기대에 미치지 못하였을 때, 아이를 차갑게 대하지는 않았는지요. 이렇게 기대대로 따라오지 못하는 아이를 보며 크게 실망하는 것을 '기대치 위반 효과'라고도 합니다. 부모는 본인들이 목표를 세워 두고 아이가 거기에 성실히 부응할 것을 기대합니다. 그러나 이것은 청소년기 자녀들을 진정한 배움에서 더욱 멀어지게 만듭니다. 아이는 '사랑받기 위해서는 완벽해야 한다.' 혹은 '아무리 열심히 했더라도, 결과가 좋지 않으면 인정받을 수 없다.'라며 자신을 채찍질할지도 모릅니다. 이렇게 왜곡되고 잘못된 생각은 사소한 실수에도 스스로를 더욱 무능력하게 만들며, 적극적으로 움직이는 사람이 아닌, 타인의 반응에 따라 움직이는 사람이 되게 합니다.

해결 방법은 간단합니다. "높은 점수를 얻은 것을 보니 잘했다."보다는 "그렇게 열심히 노력하는 모습을 보니 대견하다."라고 하는 것입니다. 결과물보다 열심히 노력하는 모습과 그 과정 자체를 격려하고 칭찬해 주는 것입니다. 아이가 애를 쓰고 있는 것에 진심 어린 지지를 보내 준다면, 아이들은 보다 후회 없이 최선을 다하고 어려운 과정에서도 즐거움을 찾을 수 있는 건강한 모습으로 변화할 것입니다.

청소년들은 주변의 기대에 못 미칠까봐 걱정하고 갑갑해 하던 일상의 문제들을 다시 한 번 돌아보는 시간을 갖길 바랍니다. 부모님이나 선생님의 사랑을 받고 인정을 받는 것 외에, 자신이 진정으로 하고 싶은 것은 무엇인가요? 자신이 원하는 미래는 어떤 모습인가요? 그저 터무니없는 소망인 것은 아닌지, 단순히 현실적 어려움을 벗어나기 위한 도피처는 아닌지 살펴보고, 자신이 원하는 것을 이루기 위해서 지금 어떤 노력을 해야 할지 생각할 필요가 있습니다.

청소년들은 자기 탐색을 통해 본인이 진짜 좋아하는 것이 무엇인지, 자신과 잘 맞는 것은 무엇인지, 장래 희망과 삶의 목표가 무엇인지를 파악하여 성적에 대한 목표 의식을 만드는 것이 좋습니다. 자신이 하고 싶은 일이 성적을 잘 받아야 되는 것인데 성적이 잘 오르지 않는다면, 그것이 심리적인 원인 때문인지 아니면 학습 방법에 문제가 있는 것인지를 생각하여 개선하도록 노력해야 할 것입니다. 어떤 사람이 모든 분야에서 1등을 할 수는 없지요. 만약 어려운 상황을 피할 수 없다면 그저 무기력하게 포기하는 것이 아니라, 배짱 두둑하게 맞서 보는 것도 좋은 방법입니다.

공부는 계속 하고 싶지만 열심히 노력하는데도 잘 오르지 않는 성적 때문에 고민이라면, 공부하는 환경을 한번 바꾸어 보는 것은 어떨까요? 환경의 변화는 두뇌 회전에도 긍정적인 영향을 줍니다. 포인트 벽지로 공부방의 분위기를 바꾸어 보거나 스탠드의 조명에 변화를 주는 등과 같은 노력이 마음가짐과 태도에 활력을 줄 수 있습니다. 환경뿐만 아니라 태도와 습관변화를 주는 것도 또 하나의 방법이 될 수 있습니다. 나의 잘못된 공부 습관이 무엇인지 탐색해 보고, 공부 순서나 주력 과목을 공부하는 방법 등을 주변에서 지도해 주시는 선생님과 상의하여 바꾸는 것도 좋은 방법이 될 수 있습니다. 선생님과 부모님께 도움을 요청하기 부담스럽다면 여러분 주변에 쉽게 찾아갈 수 있는 사람에게 먼저 조언을 구해 보세요. 학교에서 여러분의 뒤에 앉은 친구나 선배 등 자신이 편안하게 이야기를 꺼내서 도움을 요청할 수 있는 사람들에게 말한다면, 자신의 공부 습관과 태도에 대해 객관적으로 바라볼 수 있을 겁니다.

5

공부가 인생의
전부인가요?

"결과로만 평가받는 것 같아 속상해요."

부모님과 선생님께서 매일 열심히 공부하라고 말씀하실 텐데요, 지금 나이에 그런 말 듣기 싫은 건 당연한 일입니다. 이 시기에는 신체적으로 뿐만 아니라, 정서적·인지적·사회적 측면에서 급격한 변화와 성장이 양적·질적으로 나타납니다. 이렇게 복잡한 변화는 개인의 상황과 특성에 따라 각기 다양하게 나타납니다. 결론부터 말하자면, 공부가 인생의 전부는 아닙니다. 공부를 못한다고 해서 인생을 망치는 것은 아닙니다. 하지만 열심히 공부했을 때 주어지는 혜택과 기회는 훨씬 더 많습니다. 따라서 공부가 인생의 전부는 아니지만, 자신이 가장 잘 할 수 있는 부분의 장점을 개발하며 학생으로서 학업에 충실해야 하는 건 당연한 의무일지도 모릅니다.

학업 갈등과 진로에 대한 고민

영진이는 자신을 고개를 숙인 채 눈을 감고 있는 인물로 그렸습니다. 아무도 없는 곳에서 혼자만의 시간을 가지고 싶은데, 모두들 자신을 가만히 두지 않는다고 이야기합니다. 그래서인지 그림 속 영진이는 의자에 앉아 아무것도 하지 않고 있는 모습으로 그려져 있습니다. 그림 속에서 무슨 생각을 하고 있냐는 질문에 다음과 같이 날카롭게 대답했습니다.

▲ 이영진(가명) 학생 그림

"아주 화가 많이 나 있어요. 아무도 내 노력을 알아주지 않으니까요."

전체적으로 불안한 심리 상태를 드러내는 영진이의 그림은 자신을 인정해 주지 않는 것에 대한 불만을 표현하고 있습니다. 또한 처져 있는 어깨와 표정이 매우 위축되어 있는 상태임을 보여 줍니다. 이는 과도한 학업 스트레스로 인해 의욕이 떨어져, 자신감마저 상실한 모습을 나타냅니다.

날카로운 영진이의 대답에 이어 화가 난 이유가 무엇인지 질문을 던졌습니다.

"엄마, 아빠, 선생님…… 아니다. 전 저에게 화가 나 있어요."

눈을 지그시 감은 채 아래로 처진 입꼬리는 단단히 화가 나 있는 사람처럼 보입니다. 그 대상이 부모님도 아니고 선생님도 아닌, 자신이라는 것이 특징적입니다. 학업 부진에 대한 모든 원인을 자신에게 돌리고 있는데, 이때 특별한 해결 방법을 가지고 있지 않을 경우 상황은 더욱 악화될 수 있습니다. 낮은 자아 존중감은 자신이 어떤 것도 개선시킬 수 없으며 해결할 수 없다는 사고방식을 심어 주어 무기력에 빠지게 합니다.

학업 성적은 고민만 한다고 해서 좋아질 수 있는 것이 절대로 아닙니다. 구체적이고 작은 것부터 실천하여 성공 경험을 쌓아 가는 것이 영진이가 무기력함을 벗어 버리는 데 효과적인 방법일 수 있습니다.

⚜ ⚜ ⚜

신재의 경우도 이와 다르지 않습니다. 공부라는 갈림길에서 자신이 어

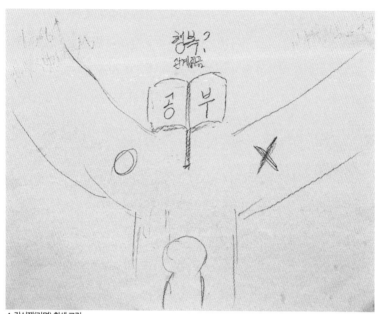

▲ 강신재(가명) 학생 그림

떤 길을 선택해야 할지 모르는 것이 가장 큰 고민입니다. 최근에는 공부를 하면서도 무엇을 위해 하고 있는지 의문이 듭니다. 자신이 지금 행복한 삶을 위해 공부하는 것인지, 그냥 기계적으로 하고 있는 것인지도 잘 모르겠다고 합니다. 신재는 공부가 자기 길이 맞는 것인지에 대한 선택의 갈림길에서 정답을 찾을 수 없어 어떤 것에도 집중할 수가 없다고 호소하였습니다. 곧 성인이 되는 것에 대해 고민도 많은데, 한 번의 선택이 자신의 미래를 결정한다는 부담감과 함께 학업에 대한 복잡한 심경을 이야기했습니다.

신재의 그림에서는 불안한 심리 상태가 보입니다. 현재 본인이 선택의 기로에서 있음을 글과 함께 표현하고 있으며, 해결되지 않은 문제로 인한 갈등을 직접적으로 나타내고 있습니다. 공부와 행복 사이에서의 고민은 신재의 자존감을 떨어뜨리고 있는데, 자신을 뒷모습으로 표현한 것은 현재 상황에 대해 도피하고자 하는 마음을 드러낸 것으로 해석할 수 있습니다. 또한 도화지 위쪽 부분에 글씨를 썼다가 지운 것은 학업에 어려움과 갈등을 겪고 있는 것으로 해석할 수 있습니다.

❀ ❀ ❀

영진이와 신재처럼, 공부를 해야 하기 때문에 하고는 있지만, 마음이 좀처럼 따라가지 못해 점점 무기력해지고 때로는 화가 나는 경우도 있습니다. 학습 동기가 부족하기 때문인데요, 보통 청소년기 학업에 대한 스트레스는 부모님과의 갈등으로 유발됩니다.

내적 동기와 외적 동기라는 말이 있습니다. '내적 동기'는 어떤 행동을 하는 이유가 특별히 얻어지는 것이 없더라도 순수하게 흥미를 느끼거나 만족감을 느끼기 때문인 것을 말하고, '외적 동기'는 특정 행동을 함으로써 받게 되는 결과물 때문에 행동하는 경우에 해당됩니다.

영진이와 신재의 경우 부모의 기대와 사회적인 흐름에 맞춰야 한다는 외적 동기는 있을지 모르겠으나, 그것이 학생들을 더 의욕적인 학습태도로 연결해 주지는 못하고 있는 상태입니다. 즉, 내적 동기가 필요한 상황입니다.

단순히 긴장감이나 죄책감, 혹은 불안한 마음을 피하기 위해 공부하고 있지는 않은가요? 이러한 단계에서 벗어나 본인이 어떤 목표를 이루기 위해 스스로 필요한 행동을 선택하고 노력할 것을 추천합니다. 자신이 잘하는 것이 무엇인지, 지금 공부를 열심히 하는 것이 미래의 삶에 어떻게 도움이 될 수 있을지 먼저 생각해 봅시다. 공부를 하는 이유가 단지 높은 점수를 얻는 데 있는 것이 아니라, 미래에 더 많은 기회를 얻기 위해 에너지를 축적하는 단계라고 생각하는 것이 중요합니다.

죽고 싶다는 생각이
들 때가 있어요

"저는 엄마가 성적 때문에 화를 내실 때마다 죽고 싶어요. 손목을 긋고 나면 오히려 마음이 편해져요."

고등학교 3학년인 한 여학생의 이야기입니다. 우리나라는 현재 OECD 국가 중 자살률 1위라는 불명예를 갖고 있습니다. 청소년기는 아동과 성년기의 특징을 모두 지닌 과도기적 상태로 감정과 정서의 기복이 심하고, 이성적 판단보다는 감정에 치우치며, 과격한 행동을 표출하는 시기입니다. 이 시기에 과중한 성취 압력, 맹목적인 부모의 기대와 요구, 새로운 문화의 유입과 적응에 따른 심리적 압박은 청소년들을 심각한 스트레스 상황에 빠지게 합니다. 이때 해소되지 못한 스트레스는 우울과 자살 충동으로 이어지는 경향이 있습니다.

스트레스에 취약한 십대들에게 자신의 어려움을 자살을 통해 빠르고 쉽게 해결하는 모습은 굉장히 큰 자극이 될 수 있습니다. TV를 통해 청소년의 우상인 인기 연예인들이 죽음을 선택한 것을 보면서 모방 심리에 따라 연속 자살로 이어질 수도 있습니다. 많은 청소년들이 너무 쉽게 죽음을 선택하는 경향이 있습니다. 우리는 가끔 죽음을 선택하면 모든 것이 끝날 것이라는 극단적인 생각을 할 때가 있습니다. 이렇게 죽고 싶다는 생각이 들 때에는 부모님이나 가족, 또는 선생님께 솔직히 이야기하고 주변의 도움을 받는 것이 좋습니다. 힘겨운 시간들이 지나고 나면 죽을 만큼의 큰 사건이 아니었음을 알게 될 것입니다. 극단적인 생각에 자신을 빠뜨리지 않도록 스트레스를 줄일 수 있는 취미 생활을 가져 볼 것을 추천합니다. 청소년 자살은 충동성이 강하기 때문에 주위의 따뜻한 관심과 격려가 많은 힘이 될 수 있습니다.

진정으로 걱정해 주고 여러분의 말을 잘 들어 줄 사람에게 본인의 현재 감정을 이야기하여 자살하고 싶은 생각에 대해 솔직하게 풀어내는 것이 무엇보다 중요합니다.

현실로부터의 도망, 자살 생각

고등학교 2학년인 지성이는 성적이 가장 스트레스고, 성적 때문에 죽고

▲ 박지성(가명) 학생 그림

싶은 마음이 든다고 합니다.

"시험 성적이 조금이라도 떨어지면 쏟아지는 부모님의 잔소리에 너무 힘들고 비참한 마음까지 들어요. 모든 것을 포기하고 싶고 모든 것을 끝내고 싶어요."

시험 기간이 끝난 후 지성이가 한 이야기입니다.

지성이의 그림에서는 모든 것이 성적으로 결정되는 것에 대한 강한 불만이 보입니다. 비가 모두 자신이 있는 방향으로 내리고 있는 것으로 보아, 현재 스트레스에 능동적으로 대처하지 못하고 상처를 받고 있음을 알 수 있는데, 이는 점점 위축되어 가는 자신의 모습을 말해 줍니다.

모든 것이 등급화되는 사회가 문제일까요? 아니면 교육열이 높은 부모들이 문제일까요? 전 세계 학생들을 대상으로 연구를 실시한 라이언 박사는 한국 학생들의 학업 동기와 다른 나라 학생들의 학업 동기를 비교한 결과 독특한 점을 발견하게 됩니다. 다른 나라의 학생들은 학년이 올라갈수록 내적 동기가 높아지거나 그대로 유지되는 반면에, 한국 학생들은 학년이 높아질수록 학업에 관한 내적 동기가 낮아진 것입니다. 어렸을 때 공부를 재미있어하다가도 학년이 올라갈수록 흥미를 잃는 현상을 유독 한국 학생들 사이에서 관찰할 수 있었다고 합니다. 이럴수록 자녀들에게 칭찬과 기대의 말을 해 주는 것이 중요합니다.

대다수의 청소년들은 가뜩이나 답답하고 하기 싫은 공부를 억지로 하고 있다는 생각을 합니다. 그럴수록 점점 자신이 공부를 해야 하는 내적 동기는 사라져 가고, 부담스러운 부모님의 기대만 남게 됩니다. 이 부담들이 청소년들에게 압박으로 다가와 죽고 싶다는 생각까지 하게 하는 것입니다.

어른들은 청소년들에게 이 시기를 거쳐 가야만 하는 이유를 이야기해 주고, 모든 것을 성적으로 결정짓는 태도를 바꾸는 것이 필요합니다. 청소년들에게는 공부도 중요하지만 자신의 내적 동기를 향상시키기 위해 다른 좋아하는 분야에도 관심을 가져 볼 것을 권합니다. 이를 통해 공부에 대한 에너지를 얻게 되면 성적 때문에 죽고 싶다는 생각은 하지 않게 될 것입니다.

다음은 중학교 2학년인 수예와 현진이가 뭉크의 〈절규〉를 감상하고 떠오르는 생각들을 표현한 것입니다.

수예는 뭉크의 〈절규〉를 감상한 뒤 떠오르는 생각이 '자살'이라고 말했습니다. 자신이 평소에 다니는 장소에서 어떤 사람이 자살한 것을 첫 번째로 목격한 모습을 상상하여 그렸습니다.

뭉크의 〈절규〉를 보고 자살과 관련된 주제로 그림을 구성하는 것은 현재의 관심사가 자살에 집중되어 있음을 말해 줍니다. 좁은 폭의 일괄적인 사선

▲ 장수예(가명) 학생 그림

들로 면적을 채운 것은, 수예가 현재 강박적으로 한 주제에 대해 깊이 생각하며 이를 통제하고 있음을 보여 줍니다. 또한 주로 대비색을 사용하여 강조하고 있는데, 이는 내면의 갈등을 나타내는 것이자, 주인공이 심리적으로 고립되어 있음을 알려 주는 것입니다.

　뭉크의 〈절규〉를 감상한 후 현진이는 잠시 눈을 감고 생각에 잠겼습니다. 잠깐의 정적이 곧 깨지더니 자신이 요즘 들어 자주 꾸는 악몽에 대해 거침없이 표현하기 시작했습니다. 현진이는 자신을 어떤 사람이 고층 빌딩에서 투신자살하는 모습을 보고 놀라 비명을 지르는 모습으로 그렸는데, 이것이 평소 꾸는 악몽 중 하나라고 말했습니다. 여러 미술도구 중 사인펜만을 사용하였으며 색채도 노란색, 갈색, 검은색으로 제한했습니다. 활용하는 색이 적은 수로 제한되어 있다는 것은 현재 스트레스로 인한 우울감이 높다는 것을 의미할 수 있습니다. 건물이 위치한 공간과 소리치는 사람이 있는 공간 사이의 경계가 두껍고 뚜렷하게 그려져 있으며, 크기의 차이에 따라 원근감이 나타나는 것을 볼 수 있습니다. 이처럼 자신이 놓여 있는 공간과 자살이 일어나는 장면을 확실하게 분리시

▲ 유현진(가명) 학생 그림

킨 것은 지속적으로 악몽 때문에 얻게 된 불안과 우울과 같은 부정적인 감정들을 차단시키고자 하는 무의식적인 시도로 볼 수 있습니다.

❈ ❈ ❈

많은 청소년들이 청소년기의 급격한 변화와 입시 압박, 교우 문제, 가정 문제 등으로 우울과 스트레스를 경험하며 자살과 같은 위험한 일을 시도합니다. 최근 유명 연예인과 저명인사의 자살 소식은 아직 미성숙한 자아를 가진 청소년들에게 자살에 대한 호기심을 불러일으킬 수 있습니다. 또한 자살에 대해 관대한 사회적 분위기는 아동에서 성인으로 가기 위한 미성숙한 자아발달 과정에 있는 청소년들에게 현실로부터 도망가고자 하는 충동적 행동에 대한 무언의 지지가 될 수 있습니다. 청소년 자살 문제는 단 하나의 요인으로 발생하는 것이 아니라 우울과 자살 생각, 스트레스 등 여러 요소로부터 복합적으로 영향을 받는 것입니다. 이 세 가지 요소를 감소시키기 위해서는 친구, 가족, 선생님의 도움이 필요합니다.

조 지 클라우센
〈등불 아래 독서〉, 1909

명화로 내 마음
어 루 만 지 기

앞의 그림은 조지 클라우센George Clausen, 1852~1944의 〈등불 아래 독서〉입니다. 여인은 턱을 괸 채 작은 등불 아래에서 독서 삼매경에 빠져 있습니다. 따뜻한 온기가 흐르는 공간에서 작은 등불과 책 한 권이 여인의 모든 것을 충족시켜 주고 있는 모습입니다. 조용히 책장을 넘기는 소리만이 들리는 듯 적막함이 감도는 평화롭고 고요한 분위기에, 밝고 가벼운 커튼 밖으로는 이제 막 해가 뜨기 시작하는 푸른빛의 하늘이 보입니다. 푸르스름한 새벽빛의 공기가 비치는 것으로 보아, 아마도 이 여인은 독서를 하다가 밤을 꼴딱 새 버린 것이 아닌가 싶습니다.

재미있는 일을 하다가 밤을 새 버린 경험이 있나요? 누구나 한 번쯤은 저 여인처럼 책을 보거나, 재미난 게임을 하다가, 혹은 친구들과 여행을 가서 이야기를 나누다가 시간 가는 줄 모르고 해가 떠 버린 경험이 있을 것입니다. 흥미로운 일을 하거나 재미있는 일을 하다 보면 시간이 정말 훌쩍 지나가게 됩니다. 어떤 일에 재미를 느끼게 되면 자신도 모르게 그 일에 집중을 하게 되고, 그 후로는 상황이 어찌 돌아가는지 눈치채기가 어렵기 때문이죠.

한국인 최초의 세계적인 지도자 반기문 유엔 사무총장은 '목표와 비전'을 강조합니다. 자신만의 목표를 분명히 하고, 그것이 사람의 도리에 어긋나지 않도록 지켜 왔다고 이야기합니다. 자신의 목표를 알고 있는 사람만이 자신이 가야 할 길을 알고, 주어지는 일들을 열심히 할 이유가 생깁니다. 그렇게 노력하다 보면 어느새 만족할 만한 성적과 성공한 삶이 저절로 따라오게 될 것입니다.

제3장
외톨이의 노래

"사랑 받고 싶다면 사랑하라. 그리고 사랑스럽게 행동하라."
—벤자민 프랭클린 Benjamin Franklin

구 스 타 브 카 유 보 트
〈오크나무 아래의 까밀〉, 1871-1878

명 화 로 내 마 음
들 여 다 보 기

 인상파에 속하는 프랑스 작가, 구스타브 카유보트Gustave Caillebotte, 1848~1894의 작품 〈오크나무 아래의 까밀〉
에는 한 소년이 등장합니다. 주인공이 혼자 나무에 등을 기대고 앉아 있는 모습인데, 마치 이 그림을 들여
다보는 우리를 바라보고 있는 듯합니다. 자기와 비슷한 또래들과 왁자지껄 어울릴 나이의 소년은 이유는
알 수 없지만 다리를 모은 채 혼자 숲 속에 있습니다. 표정을 보면 약간 심술이 난 것 같기도 하고, 무언
가 마음에 들지 않은 상황이 일어난 것 같기도 합니다. 친구들과 한바탕 말다툼을 벌인 후 뾰로통한 채 앉
아 있을 수도 있고, 부모님께 꾸중을 듣고 나서 혼자 집 뒷산에 올라와 앉아 있을 수도 있습니다. 툭 튀어
나와 있는 입 모양과 약간 화가 난 듯한 눈매를 보니 기분 좋은 일이 있었던 것은 아니었나 봅니다. 이렇게
햇살 좋은 날 혼자 덩그러니 앉아 있기 때문이죠.

인간은 끊임없이 새로운 상황에 적응하고 다른 사람들과 수없이 많은 관계를 맺으며 살아갑니다. 청소년
들은 대부분의 시간을 학교에서 보내는데, 집에 있는 시간보다 집 밖에 있는 시간이 훨씬 더 많다고 해도
틀린 말이 아닙니다. 새 학기, 새로운 친구들과 만나는 것이 여전히 부담스럽고 걱정이 되는 청소년들도
있을 것이고, 잘 지내던 친구들과 사소한 일로 틀어져 갈등이 생기게 되는 경우도 있을 것입니다. 중요한
것은, 관계 안에서도 양쪽의 노력이 필요하다는 것입니다. 다른 사람이 나에게 먼저 다가와 주기만을 기
다리는 것보다는, 먼저 손을 내미는 것이 필요합니다.

오크나무 아래에 앉아 있던 까밀은 나중에 어떻게 행동했을까요? 해가 뉘엿뉘엿 질 때까지 나무 아래 앉
아 화를 가라앉히고 집으로 혼자 돌아갔을 수도, 아니면 당장에 친구들에게 달려가 미안하다고 사과했을
지도 모릅니다. 그것도 아니면 집에 들러 맛있는 것들을 잔뜩 챙겨 친구들에게 은근슬쩍 다가가 화해했을
지도 모를 일입니다.

친구들에게
다가가기가 어려워요

"저는 사람들에게 잘해 주고, 항상 웃어 주고, 부탁도 다 들어주는데 정작 다른 사람들은 저를 별로 좋아하지 않는 것 같아요."

"왠지 모르게 사람들이 제 욕을 하는 것 같아 불안해서 안절부절 못해요."

"저는 왜 이런 생각이 들까요? 진짜 저를 좋아하는 사람은 아무도 없을까요?"

많은 청소년들이 이런 질문을 하곤 합니다. 살다 보면 사람들이 자신을 봐 주지 않는 것 같고 좋아하지 않는 것 같은 기분을 느낄 때가 있습니다. 나 빼고는 모두들 짝이 있는 것 같아 같이 어울리기도 힘들고, 나만 홀로 동떨어져 있는 것 같습니다. 다른 친구들에게 다가가고 싶고, 친하게 어울려 보고 싶기도 한데, 아무도 자신을 신경 써 주고 있는 것 같지 않습니다. 각자 자기들끼리 노느라 바쁜 것 같고, 같이 있어도 있는지 없는지 모르는 것 같습니다.

청소년 시기에는 자신의 마음을 이해해 주거나 알아주는 사람 없이 혼자만 떨어져 있는 것처럼 우울하고 슬픈 감정을 느낄 수 있고, 사소한 농담 한마디에도 상처받고 힘들어할 수 있습니다. 성인의 우울과는 달리, 청소년기의 우울은 학업 수행 문제와 사회적 부적응과도 관련이 될 수 있는데, 우울한 학생들은 그렇지 않은 학생들보다 학업 성적이 부진하고 학교 적응을 잘 못하는 것으로 나타납니다. 이런 부적응 현상은 다른 친구들로부터 호감을 사지 못하게 만들어, 결국 악순환을 이루고 맙니다. 또한 대인 관계 의존성이 증가되면 또래 관계에 어려움을 느끼게 되고 '나는 혼자야.'라는 생각에 힘들어할 수 있습니다.

자신감 저하, 위축감

고등학교 2학년인 주연이는 친구들과 함께 대화하고 생활하는데도 항상

▲ 채주연(가명) 학생 그림

혼자인 것 같은 느낌이 든다고 합니다.

"고민거리가 있는데 아무에게도 얘기하지 못하고 있어요."
"무엇 때문에 이야기를 못하게 되니?"
"제 고민을 이야기하고 싶어도 선생님, 부모님 모두 다 제 편이 아닌 것 같아요. 아무도 제 얘기를 들어줄 사람이 없어요."

주연이는 마음을 기댈 곳도, 의지할 곳도 없어 힘들어하는 모습이었습니다.

"선생님, 도대체 제가 잘못한 게 뭘까요? 전 진짜 모르겠어요."

주연이는 현재의 심정을 그림으로 표현했습니다.

텅 빈 공간 속에 혼자 움츠리고 있는 모습이 표현되어 있습니다. 도화지 위 한쪽 구석에 자신을 위치시킨 것으로 보아 심리적으로 불안한 상태임을 알 수 있습니다. 이 상황에서 벗어나 친구들과 어울리고 싶지만 방법을 알 수 없는 답답함이 느껴지지요.

청소년 시기에는 또래의 무리를 벗어나게 되면 굉장한 불안감을 느끼며 고민하게 됩니다. 다른 친구들의 무리에 어울리려고 해도 쉽지 않습니다. 특히나 다들 무리 지어 재미있게 어울리고 있는 것 같은데 자신에게는 아무도 관심을 보이지 않고 챙겨 주지도 않는다면, 그 좌절감은 더욱 심해집니다.

그러나 다른 친구들이 자신에게 먼저 오기만을 바라는 것 또한 그다지 바람직한 태도는 아닙니다. 반복된 좌절감 때문에 섣불리 다가가기 어렵다고 느껴지더라도, 좀 더 자신감을 가지고 다가가야 할 필요가 있습니다. 자신감이 없어 보일수록 친구들은 여러분에게 호감을 갖기 어렵고, 그러다 보면 편하게 어울릴 수 없게 될 것입니다. 서로 공통점을 찾아보거나, 아이돌과 같은 연예인 이야기를 나누어 보는 것, 먼저 반가운 얼굴로 인사하는 것도 친구들에게 다가가는 방법일 수 있습니다. 또한 여러분이 먼저 친구들의 장점을 이야기해 주는 것도 좋은 방법이 될 수 있습니다. 부모님들은 또래 관계로 힘들어하는 자녀들의 이야기를 따뜻하게 들어주고 항상 자신감을 가지고 사랑받을 수 있는 사람이라는 것을 이야기해 주는 것이 필요합니다.

✤ ✤ ✤

고등학교 1학년인 신영이는 주연이랑 비슷하면서도 다른 고민을 가지고 있습니다.

"선생님 저는 사람들과 잘 지내기 위해서 정말 노력하고 있어요. 하지만 아직도 다른 사람들과 관계에서 어려운 부분이 있어요."

"어떤 부분에서 그런 생각이 드니?"

"노력은 많이 하고 있다고 생각하는데, 인정받지 못하고 사랑받지 못하는 것 같아요. 속 빈 강정 같아요."

"그렇게 느끼는 이유가 있니?"

"저에게 다 무관심해요. 전 관심받고 사랑받고 싶어요."

신영이는 나름대로 친구들과 어울리기 위한 노력을 많이 하고 있습니다. 친구들이 준비물을 놓고 왔을 때 먼저 챙겨 주거나, 필요한 것이 있으면 먼저 도와주려고 노력합니다. 그러나 지금 선영이는 자신이 인정받지 못하고 사랑받지 못한다고 생각합니다.

▲ 최신영(가명) 학생 그림

신영이는 그림에서 아무도 바라봐 주지 않는 자신을 꽃이 죽어 가는 모습으로 표현하며, 점점 무기력해지는 상태를 묘사했습니다. 누군가 자신의 손을 잡아 주길 바라지만 점점 날카로워지기만 합니다.

사람들은 청소년 시기뿐만이 아니라 언제나 관심 받고 사랑받기를 원합니다. 하지만 감정이 예민한 사춘기인 청소년기는 성인이 되기 위해 모든 것을 배워 나가는 시기이기 때문에 환경의 변화를 더 민감하게 받아들일 수 있습니다.

우리 주변에서도 신영이와 같은 친구들을 볼 수 있습니다. 우리는 신영이와 같은 친구들에게도 긍정적인 관심과 기대를 줄 수 있어야 합니다. 기대와 관심을 받는 학생들은 그렇지 않은 학생들에 비하여 학교생활도 더 활기차게 할 수 있고, 주변 사람들과 관계도 어렵지 않게 조절할 수 있으며, 자신이 부족한 부분에 대해서 더 긍정적으로 노력하는 모습을 보입니다. 이것을 피그말리온 효과라고 부르는데요, '피그말리온 효과Pygmalion effect'는 '자기 충족적 예언'이라고도 합니다. 이 말은 자신이 그럴 것이라고 기대하는 대로 결과를 얻게 되고, 그 결과에 주목한다는 뜻입니다. 결국 부모와 선생님, 혹은 친구들의 따뜻한 기대를 받는 학생들에게는 긍정적인 영향이 분명하게 드러나게 된다는 것입니다. 신영이에게도 따뜻한 관심을 준다면, 분명 다른 사람들과의 관계에서 움츠러들지 않고, 자신감 있게 생활할 수 있을 것입니다.

✤ ✤ ✤

중학교 1학년인 미주는 왠지 가장 친한 친구들과 이유 없이 멀어지고 있는 기분입니다.

"저는 영원한 우정을 약속하며 언제나 함께할 친구들이라고 생각했는데, 어느 순간부터 점점 사이가 멀어지고 있어요. 제 잘못 때문에 우리 사이

▲ 안미주(가명) 학생 그림

가 틀어진 것 같아서 죄책감이 들어요. 이 친구들에게 다시 다가가 예전처럼 함께 지내고 싶은데 받아 주지 않고 밀어낼까봐, 또 싸우게 될까봐 겁이 나요."

미주도 친구 문제 때문에 고민하고 있습니다. 극도로 낮은 내적 에너지를 표현하고 있는 이 그림은 미주가 매우 우울하고 소극적인 상태임을 나타내고 있습니다. 현재 극도로 위축되어 수동적으로 자신을 방어하고 있는 상태임도 알 수 있습니다. 또한 친구들은 팔짱을 낀 채로 한 손으로 자신을 지적하고 있는 듯한 모습으로 표현하여 친구들 때문에 더욱 움츠러들고 있는 자신의 상황을 드러냈습니다. 이러한 갈등 상황 때문에 위축된 자아상과 불안한 심리 상태를 묘사하고 있습니다.

⚜⚜⚜

중학교나 고등학교에 입학한 후 또래 관계 형성이 잘 되지 않으면 아무리 시간이 지나도 학교생활에 적응하지 못하고 힘들어하는 경우가 있습니다. 그만큼 예민한 시기이기 때문에 작은 상처 하나도 크게 다가오는 것이지요.

한두 번의 실패로도 점점 작아지는 자신의 모습에 더 이상 용기 내는 것을 버거워합니다. 미주의 경우 과거에는 친구들과 함께하는 시간이 많아 좋았는데 지금은 자신을 멀리하려는 친구들이 두려운 상황입니다. 이런 때는 먼저 친구들의 말을 들어 보는 것도 좋은 방법일 것입니다. 우리가 평생 해 나가야 되는 것이 인간관계이고 가장 어려운 것 또한 인간관계입니다. 한두 번 다가가서 잘 되지 않는다고 두려워하거나 너무 불안해하지 말고, 용기를 내어 다시 한 번 다가가 자신의 이야기를 솔직하게 전해 보는 것이 좋을 것 같습니다.

아무도 자신을 좋아하지 않는다고 느낄 때에는 주변 사람들이 본인을 알아주지 않는다고 외로워만 할 것이 아니라, 자신의 존재감을 다시 한 번 생각해 보는 것이 좋습니다. 자기 자신의 존재감이 회복되어야 당당하게 주변인들에게 다가갈 수 있습니다. '당신은 사랑받기 위해 태어난 사람'이라는 노래도 있듯이 항상 스스로에 대해 긍정적인 생각을 많이 하고 자신감을 갖고 친구들에게 다가가 보세요.

다들 친구가 있는데
나만 혼자인 것 같아요

"저도 친구가 있었으면 좋겠어요."

사람은 태어나면서 애착 관계를 형성하게 됩니다. '애착 이론Attachment Theory'은 장기적 인간관계의 근본 원인을 설명해 주는 이론으로서, 영아의 정상적인 감정과 사회적 발달을 위해서는 한 명 이상의 주 보호자와 관계를 형성해야 한다는 것을 말합니다. 안정적으로 애착 관계를 형성한 사람은 자신과 상대방의 관계를 긍정적으로 생각하는 경향이 있습니다.

애착의 대상은 변화합니다. 어릴 때는 부모님이었다가 사회성을 경험할 나이가 되면 친구에게 관심을 갖게 됩니다. 청년이 되면 애인에게 옮겨 가게 되지요. 그리고 이는 건강하다는 증거입니다.

그러나 친구 사이가 너무나 중요하다고 생각한 나머지 그 관계에만 과하게 신경 썼다가는 역효과를 불러올 수 있습니다. 옆에 있는 친구가 다른 친구와 친할까봐 끌려다닌다든가 나쁜 일을 도모할 때 모르는 척하는 것도 좋지 않은 일입니다.

물론 다 친구가 있는데 자신만 혼자 학교생활을 하는 것은 힘든 일입니다. 그러나 너무 조급해 하지 말고 차분하게 여러분과 마음이 통하고 좋은 영향을 주는 친구를 찾아보는 것은 꼭 필요한 일입니다.

따돌림

요즘 선주는 학교생활이 어렵다고 느낍니다. 다른 친구들과 어울려 보고 싶지만 쉬는 시간에도 줄곧 혼자 있기 마련이고, 다들 제각각 짝이 있는 것 같아 다가가기 어렵습니다. 그래서 학교에서는 괜히 혼자 휴대폰만 만지작거리며 시간을 보냅니다.

선주에게 학교생활 풍경을 그려 보라고 하자, 다음과 같은 그림으로 표현했습니다. 학교 쉬는 시간에는 줄곧 자는 척을 하며 엎드려 있는 모습입니다. 친구들이 재미있는 이야기를 할 때면 함께 웃고 싶지만 막상 친구들에게 다가가기는 어렵고, 같이 어울리지 않다 보니 점점 귀찮아지기도 한다고 합니다.

▲ 한선주(가명) 학생 그림

선주는 자신이 처한 상황이 안타깝게 여겨지길 원하며, 동정심을 구하고자 하는 마음도 큰 것으로 보입니다. 또한 외로운 상황에 놓여 있는 자신을 외부의 인물이 도와주기를 바라는 마음도 간접적으로 표현하고 있습니다. 인물들이 자세히 묘사되어 있지는 않지만, 여러 또래 친구들을 앞쪽에 모아 놓고, 상대적으로 자신은 멀리 떨어진 곳에 배치해 두었습니다. 구석에 몰아 둔 자신의 모습을 통해 현재 느끼고 있는 외로움과 상대적 박탈감을 드러낸 것입니다.

여기서 중요한 것은 선주의 태도입니다. 지금 상황이 마음에 들지 않고 불만을 느끼고는 있지만, 딱히 스스로 해결하기 위해 노력하고 있지는 않습니다. 그림 속에서 함께 어울리고 무리에 소속되고 싶은 소망을 드러내고는 있으나, 현실적으로 어떻게 노력해야 하는지 어떤 식으로 어울려야 하는지는 모르는 상태입니다.

친구들이 먼저 다가오기를 기다리기보다는 자신이 먼저 용기를 내서 다가가 보는 것은 어떨까요? 친구 관계에도 노력이 필요합니다. 친구들이 어려움에 처해 있을 때 도움을 주거나, 친구에게 칭찬의 말을 건네 보거나, 유행하는 가요나 TV 프로그램에 대해 이야기를 나누면 어떨까요? 혹은 친구의 마음을 먼저 헤아려 공감해 주거나, 생각과 감정을 나누는 것도 좋습니다. 본인은 어렵게 용기 내어 꺼낸 한마디인데 막상 친구들은 적극적인 반응을 보이지 않을 수도 있습니다. 그러나 조금씩 꾸준히 다가서는 노력을 하다 보면 분명히 그 마음을 헤아려 주는 친구를 만나게 될 겁니다. 기억해야 할 것은, 자신감과 용기를 가지고 다른 친구들의 마음을 살피는 것이 첫 번째라는 사실입니다.

⚜ ⚜ ⚜

"가장 친한 친구들 세 명이 있는데요, 최근에 이유 없이 저를 따돌리는 것 같아요. 학교에서 항상 같이 다니는 친구들이었는데, 요즘엔 저 혼자 떨어뜨려 놓는 것 같아요."

미선이는 친하게 지내던 친구들이 본인을 따돌리고 있다고 생각을 합니다. 너무 고민이 된 나머지 집에 혼자 있을 때에도 끊임없이 이러한 생각들이 떠올라, 공부에 집중하기도 어렵고 잠도 잘 오지 않습니다.

미선이는 최근 소풍을 갔었던 때를 그렸는데, 바위 뒤에 있는 사람이 본인입니다. 자신이 숨어 있는 바위 두 개를 진하게 그린 것은 미선이가 친구들 무리와 자기 사이에서 느껴지는 벽을 강하게 의식하고 있음을 보여 줍니다. 또한 이 바위는 자신이 따돌림 당하고 있다는 사실을 외부에 드러내지 않기 위한 방어막으로도 해석됩니다. 앞에 있는 세 명의 친구들이 즐겁게 이야기

▲ 천미선(가명) 학생 그림

를 나누고 있는 것과는 대조적으로 따돌림을 당하고 있는 자신은 뒷모습으로만 표현하여 우울함과 소외된 감정이 더욱 강하게 느껴지고 있습니다.

　뒷 배경에 그려진 두 개의 산봉우리는 마치 네 명을 커다란 울타리로 아우르는 것과 같은 모습인데, 이러한 표현을 통해 자신이 현재 무리와 분리되어 있지만 궁극적으로는 관계 회복을 원하고 있음을 알 수 있습니다.

⚜ ⚜ ⚜

　진수는 평소 말이 거의 없는 성격입니다. 위의 그림 두 칸은 혼자라고 느

▲ 마진수(가명) 학생 그림

꺼지는 상황을 표현한 것이고, 아래 두 칸의 그림은 아무도 자신의 이야기를 들어주지 않을 때에 느끼는 감정을 그린 것입니다. 위의 그림 두 칸을 그릴 때에는 상대적으로 차분한 자세로 그렸지만, 아래의 그림을 그릴 때에는 강한 선을 연속적으로 내리 긋듯이 그리며 격한 감정을 표출하고, 발산하는 모습을 보였습니다.

전반적으로 인물의 크기가 작게 그려진 점이 특징적인데, 보통 이렇게 작은 인물상은 외적·내적 갈등 상황으로 인한 스트레스 때문에 위축되어 있을 경우 나타날 수 있으며 높은 우울감을 호소하는 경우에서도 볼 수 있습니다. 또한 인물의 몸이 전반적으로 과도하게 생략되어 있는 것과 유아적으로 표현되어 있는 것을 볼 때, 정서적으로 퇴행해 있을 가능성을 짐작할 수 있습니다. 정서적 퇴행이란, 자신의 나이에 알맞은 생각과 감성을 지니기보다는 '보호받고 싶고, 사랑받고 싶고, 보살핌을 받고 싶은' 어린 아기와도 같은 마음이 강한 상태를 의미합니다. 지속적으로 상실감을 경험하거나 생활 환경이 갑자기 변했거나, 외부에서 주눅이 들고 위축감을 심하게 느낄 경우에 이러한 정서적 퇴행이 나타날 수 있습니다. 진수는 첫 번째 그림에 대해 이렇게 얘기합니다.

"제가 무슨 말을 해도 제 앞에 있는 친구들이 듣지 않고 무시해요."

그리고 그 오른편에 있는 두 번째 그림에서는 두 명의 친구들과 자기 사이에 거리감이 생기도록 배치하여, 친구들과 멀어지고 있는 심리적인 거리감을 상징적으로 표현하였습니다. 이 두 그림은 자신을 대하는 친구들의 불만스러운 태도들을 상징적으로 나타내는 것으로, 진수에게 가장 스트레스가 높은 상황일 수 있습니다. 세 번째에서는 엎드려서 울고 있는 모습을, 네 번째에서는 밀폐된 공간에서 울고 있는 모습을 그림으로써 아직 이러한 외로움과 상처를 해소할 방법을 찾지 못하였고, 문제를 해결할 만한 에너지가 부족한 상태임을 짐작하게 합니다.

❖❖❖

보통 친구들로부터 따돌림을 당하는 상황에서는 자신이 왜 이렇게 따돌림을 받는지 그 원인을 알기가 어렵습니다. 친구들이 무시하거나 피하기만 하니 '어차피 얘기해 봤자 들어주지도 않을 것 같다.'라는 생각만 하게 됩니다. 친구들이 자신을 따돌리는 이유를 아는 것도 중요한 시작이 될 수 있는데요, 이를 위해서는 친구들과의 솔직한 대화가 필요합니다.

평소 자신에게 호의적으로 대해 주었던 친구를 찾아 친해지도록 노력해 봅니다. 성급하게 다가서는 것이 아니라, 차분히 관계를 맺으면서 이야기를 나누며 자신이 바꿔야 할 문제점이 있는지 알아보는 것도 좋습니다. 말을 할 때 부족한 점이 있다거나 이상한 습관을 가지고 있지는 않은지, 잘못된 태도로 친구들을 대하는 것은 아닌지 말입니다. 만약에 본인의 문제라고 판단된다면 그 단점을 해결하는 것에 초점을 맞춥니다. 그리고 자신의 실수로 인해서 다른 사람에게 상처를 주었거나, 문제가 발행했다면 반드시 사과하는 모습을 보이는 것이 중요합니다. 동시에 스스로에 대한 자신감과 자부심을 갖는 것도 중요합니다. 왕따를 당하는 친구들 중에는 스스로를 못났다고 생각하거나, 친구들이 자신을 싫어할 것 같다는 생각을 먼저 하는 경우가 있습니다. 스스로를 사랑하지 않는 사람을 과연 누가 사랑해 줄 수 있을까요? 여러분이 잘하는 것, 남들보다 뛰어나다고 생각하는 것을 떠올려 봅니다. 그리고 자신과 잘 맞는 취미를 갖거나 특기를 찾아 개발하는 기회를 만들어 봅니다. 이것은 다른 사람들 앞에서 자신감 있게 생활할 수 있는 힘을 주고, 그 자신감과 건강한 습관이 다른 사람들에게도 영향을 주어 '친하게 지내고 싶은' 사람으로 변화할 수 있게 만들 것입니다.

마음의 문을
닫았어요

"이제는 그냥 혼자인 게 편한 것 같아요. 학교에서 재미있게 어울리는 친구들을 보면 부럽긴 하지만요."

"노력해도 안 되는 걸 보면, 저는 그냥 혼자 지내야 하나 봐요."

우재는 자기 자신이 원래 혼자서 지내야 하는 사람이라고 이야기합니다. 이제는 혼자가 더 편한 것 같다며, 새로운 해결 방법을 찾으려 하지 않고 있습니다.

실제로 우재처럼 주변 사람들과의 관계 회복을 위해 여러 방법으로 노력해 보다가 결국 무기력해지면서 관계의 끈을 놓아 버리려는 경우가 꽤 있습니다.

말로는 '혼자여도 괜찮아.'라고 하면서도, 혼자 있는 시간에 느끼는 고독감과 외로움에 힘들어하는 상태일 때는 문제가 됩니다. 물론 단순히 내성적인 성격이라든지, 무엇이든 혼자 하길 즐기는 성향일 수도 있습니다. 그러나 그렇게 혼자만의 시간을 즐기는 것과 다른 사람들과 어울리고 싶지만 해결 방법을 찾지 못해서 포기해 버리는 것에는 큰 차이가 있습니다.

의사소통의 단절

조용한 성격을 가진 주미는 평소 친구들과 교류가 거의 없는 상태입니다. 그림을 다 그리고 난 후 주미는 스트레스나 걱정거리가 '전혀' 없다고 하였으나, 그림을 봤을 때 이런 강한 표현은 자신의 마음속 외로움을 감추기 위한 방어로 보입니다.

주미의 그림에는 여백이 많은데, 자신의 모습을 한쪽 아래 치우친 자리에 그려 넣은 것이 특징입니다. 여백이 많은 그림은 심리적인 공허함과 외로움을 상징하며, 뒷모습은 어려운 상황을 극복하기보다는 도피적 경향이 강한 것임을 나타냅니다.

▲ 윤주미(가명) 학생 그림

　주미는 자신을 한쪽 구석에 치우치도록 그림으로써, 불안을 강하게 느끼고 새로운 경험에 대해 거부감이 큰 상태임을 간접적으로 표현하고 있습니다. 그림의 중심에 위치한 자물쇠는 어떤 물체를 단단히 채워 주는 도구이며 알맞은 열쇠가 있어야지만 열릴 수 있다는 특성을 가집니다. 중심에 굳게 잠긴 자물쇠를 배치한 것은 자신의 닫혀 있는 마음을 상징할 수 있습니다.

✤ ✤ ✤

　이러한 공허함은 현중이의 작품에서도 드러나고 있습니다. 현중이는 밤

▲ 주현중(가명) 학생 그림

하늘의 별과 달을 표현하였으며, 그 아래 검정색으로 덮어 버린 거친 선들 속에 자신이 존재한다고 말합니다. 그림 속의 달과 별은 어둠 속에 묻혀 있는 자기 자신을 조금이나마 비춰 주고 있습니다. 평소에 외로움을 많이 느끼거나 의식하는 성격은 아니지만 가끔 혼자인 것 같은 생각이 들곤 한다고 이야기합니다.

현중이는 자신을 존재하기는 하나 구체적인 형상으로 그리지 않고 검은 어둠 사이에 묻혀 있는 것으로 표현하였는데, 이렇게 자아를 가리고 덮는 표현은 스스로를 드러내지 않으려는 수동적인 태도를 나타내며 자신에 대한 불만족을 상징할 수 있습니다. 배경은 불안정한 내면세계와 충동성을 상징하는데, 이는 아마도 현재 자신이 느끼는 스트레스를 적절하게 해소할 방법을 찾지 못하여 내적 공격성이 높아진 상태일 것입니다.

밤이라는 시간적 배경은 마음속 고독감이 깊다는 것을 의미하며 위쪽의 큰 달은 자신의 외로움을 해소하여 줄 존재를 상징합니다. 큰 달이 떠 있음에도 불구하고 노란빛보다 검은빛이 훨씬 넓게 채색된 것은 자신의 내적 갈등을 해결해 줄 대상을 찾기가 어렵고, 설령 찾는다 해도 갈등을 해결할 수 있을지 확신할 수 없기 때문입니다. 스스로 고립감을 해결할 수 있는 방법도 부족해 보이고, 외부에 도움을 요청하는 일에도 수동적일 가능성이 있습니다.

⚜ ⚜ ⚜

다음은 경민이의 작품입니다. 경민이는 중학교에 들어온 후 특히 또래 관계에서 어려움을 겪고 있습니다. 친구들과의 관계가 좋지 않아 학교에 가기 싫을 때도 있고요. 경민이는 학기 초가 지나면 해결될 문제라고 생각했는데, 시간이 지나면 지날수록 영원히 친구가 생기지 않을까봐 불안하고 초조해집니다. 아래 그림에서 이러한 자신의 마음을 색으로 표현했습니다. 남색의 원은 슬픔을 상징하는데 그 중심은 끝이 보이지 않는 블랙홀처럼 검정색으로 채색하였습니다.

"이 원의 중심 어딘가 즈음에 제가 굴러 떨어져 있을 것 같아요."

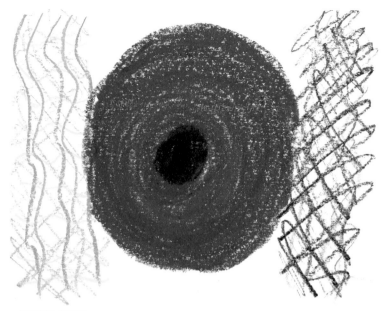

▲ 우경민(가명) 학생 그림

　경민이는 화면 왼쪽에 자신이 회복하고자 하는 긍정적인 소망의 마음을 상징적으로 그렸는데, 이는 현실 속에서 또래 관계와 학교생활이 나아지기를 희망하는 마음을 표현한 것으로 볼 수 있습니다. 반대로 화면 오른쪽에는 문제를 해결할 수 없는 답답한 마음을 표현한 것으로 보입니다. 가운데에 그려진 원이 전체 면적을 압도하고 있는 것은 현재 자신의 마음속 갈등 상황에 과도하게 집중하고 있음을 나타냅니다. 또한 자신의 문제 상황을 구체적으로 그리기보다 상징적 형태로 표현한 것은 현실적 대처 방안을 찾지 못한 채 자신의 감정 자체에 민감하게 반응하고 있음을 보여 줍니다.

✤✤✤

　다른 사람들과의 관계에서 상처를 받게 되면, 자신에게 하는 비난이나 비판에 굉장히 민감해집니다. 때로는 억눌러 왔던 부정적인 마음들이 폭발하듯이 분출되어 오히려 다른 사람에게 상처를 주기도 하죠. 그런 자신의 모습을 보면서 스스로 대해 점점 더 부정적인 생각을 갖게 되고, 그러면서 자신을 둘러싼 상황이 더 이상 바뀌지 않을 것 같아 절망적인 생각도 하게 됩니다. 슬픔의 블랙홀에 빠져 허우적대듯이, 스스로가 느끼는 외로움과 슬픔은 어느 누구도 이해할 수 없을 정도로 깊을 것입니다.

　특히 다른 사람들과 관계를 잘 맺지 못하고 외로웠던 경험들은 본인 스스로에 대해서도 부정적인 생각을 하게끔 만듭니다. 하지만 분명한 것은, 다른 사람들이 판단하는 자신의 모습이 전부는 아니라는 것입니다. 사람들이 알지 못하는 멋진 장점들이 다른 친구들에게 아직 드러나지 않았을 뿐입니다. 다른 사람들이 자신을 어떻게 생각하는지 고민하기 이전에, 스스로 장점을 찾아보는 것은 어떨까요? 그리고 그러한 장점들을 친구들과의 관계에서 더욱 키워 나가 보는 것은 어떨까요?

　그러기 위해서는 먼저 자신의 긍정적인 면을 찾아 스스로가 인정하고 사랑해 주는 것이 필요합니다. 분명히 본인을 인정해 주고 함께할 수 있는 사람들이 있습니다. 어울리는 방법을 구체적으로 배우고 싶거나, 자신에 대한 긍정적인 생각이 잘 되지 않을 때는 학교 상담실 선생님을 찾아가 상담을 받는 것도 좋은 방법일 것입니다.

　혼자 있을 때, 자신도 모르게 스스로에 대해 부정적인 생각을 하게 되고, 이 세상에 나를 이해하는 사람은 아무도 없을 것이라는 생각이 많아집니다. 마음을 닫아 두고 밖으로 꺼내기 어려워지면 점점 그것에 익숙해지게 되는데, 이렇게 안으로 쌓인 마음은 나중에 꺼내어 버리기가 힘들어집니다.

그러니 너무 감정에 치우치지 말고, 자신의 상황을 관찰해 보는 것이 좋습니다. 그리고 취미활동이나 창의적인 일을 통해 성취감을 느껴 볼 것을 권합니다. 집 밖으로 나가 자전거를 타고 동네를 한 바퀴 돌아본다든지, 간단한 운동을 해 보는 것도 우울한 감정에서 벗어나 기분을 새롭게 만드는 데 도움이 될 것입니다.

4
아무도 내 이야기를
들어주지 않아요

"이 세상에 나 혼자인 기분이에요."

현대인의 가장 큰 병은 고독과 외로움일 것입니다. 자신의 이야기를 들어주는 사람이 없다는 것입니다. 고독은 우리가 타인과 맺고 있는 관계 혹은 자신과 맺고 있는 관계에 거리가 생겼을 때 생겨나는 자연스러운 감정으로, 이를 통해 자신을 발견하고 내적인 성숙을 이루는 동시에 정서적 · 사회적으로 풍요로운 삶을 누릴 수 있다고 프랑스 정신과 의사 제라르 마크롱Gerarad Macqueron은 말합니다.

예전에는 우리의 이야기를 들어주는 가족도 많았고 친구들도 많았지요. 방학이면 사촌들과 함께 놀고, 친구들과 늦게까지 별을 보며 이야기도 하면서 고민을 터놓기도 했었지요. 그런데 요즘 청소년들은 친구들보다는 컴퓨터와 더 친한 것 같습니다. 어린아이들의 경우에도 마찬가지, 텅 빈 놀이터가 이를 말해 줍니다. 마음에 여유가 없어지다 보니 다른 사람의 이야기를 들어줄 수 있는 친구가 없습니다.

고독과 외로움의 시간

해일이는 그림에서 자신을 공원에 혼자 앉아 있는 모습으로 표현했습니다. 아무도 없이 혼자 외롭게 앉아 있지만 어느 누구도 오지 않고 있습니다. 해일이에게는 자신의 고민을 들어주거나 응원해 주는 사람이 없는 것 같습니다. 그림 속의 시간을 밤으로 그린 이유는 자신이 느끼는 고독과 외로움이 가장 크게 느껴지는 시간이 밤이기 때문입니다.

▲ 박해일(가명) 학생 그림

다른 부분들은 연필 스케치로만 마무리하였지만 자아상을 표현한 부분은 색을 칠하여 묘사했는데, 이는 해일이가 자신의 상태, 기분, 감정에 집중하고 있음을 보여 줍니다. 코를 생략한 것은 타인에게 자신이 어떻게 보일지에 대해 매우 예민한 상태일 경우에 나타납니다. 해일이는 타인과의 감정 교류를 스스로 제한하며 인간관계에 한계를 느끼고 있을 수 있고, 다른 사람들과의 교류에서 자신의 마음이나 감정을 다스리는 힘이 부족하며, 충동적인 성향이 있을 수 있습니다. 귀와 손을 그리지 않은 것은 외부 세계와 의사소통의 어려움을 상징합니다. 자신의 몸을 검정색으로 칠한 것은 심리적 외로움과 고립감을 상징적으로 드러낸 것이며 자신의 마음속 내적 갈등을 바깥으로 드러내지 않으려 하는 시도로 보입니다. 자신이 앉아 있는 벤치를 기준으로 반원을 그리며 구획을 지어 놓은 것은 마음을 안정시키기 위한 욕구가 있음을 의미합니다. 안전한 원 속에 자신을 포함시키도록 그림으로써 어떠한 공동체나 집단에 소속되길 바라는 소망을 나타내었다고 볼 수 있습니다.

✤ ✤ ✤

다음은 지홍이의 그림입니다. 그림 속 지홍이는 "나는 범죄자가 아니야, 내 말 좀 들어봐."라고 이야기하는 중입니다. 학교 선생님은 지홍이를 친구들을 괴롭히는 주동자로 취급하였고, 그 때문에 친구와의 관계가 급격히 악화되었습니다. 친구들이 가끔 자신에게 말을 걸려고 해도 이미 자신을 꺼리는 분위기가 생겨 쉽사리 오해를 풀 수 없다고 설명하였습니다. 어떤 이유

▲ 연지홍(가명) 학생 그림

때문에 자신이 범죄자 취급을 받게 되었는지 묻자, 자신이 그 사건에 대해 이야기하면 이 그림을 보는 사람들 역시 자신을 오해하게 될 것이라며 강한 방어적 태도를 보였습니다.

　그림에서는 높은 담을 기준으로 양쪽의 상황이 반대로 표현되어 있습니다. 담의 오른편에는 총과 칼이 놓여 있고, '죽어라.'라는 말이 들립니다. 반대쪽 해가 있는 공간에 주저없이 강하고 자신감 있게 그려 넣은 선에서 친구들과의 관계 회복에 대한 열망이 느껴집니다. 이를 통해 지홍이가 자신이 처한 상황에서 벗어나고 싶어 하는 마음이 드러납니다. 인물의 눈, 코, 입을 모두 생략하여 자신의 구체적인 표정을 표현하지 않는 것은 타인과 감정을 교류하는 것에 어려움을 느끼고 있을 가능성을 의미합니다. 생략된 머리카락은 자신의 견해나 생각을 자유롭게 펼치고 표현할 수 없는 억압된 상태를 상징합니다. 그 밖에 다른 부분들을 통해서도 자신에 대해 아직 잘 모르고 있는 모습과 불안정한 자존감을 엿볼 수 있습니다. 총과 칼은 주로 공격적인 성향이 강할 경우 나타날 수 있는 소재입니다. 인물의 크기보다 2배 정도 높게 그린 담벼락은 친구와 관계를 맺을 때 느끼는 어려움과 갈등의 정도를 상징하는데 지홍이의 경우 스스로 해결할 수 없을 정도의 어려움을 드러냅니다.

⚜ ⚜ ⚜

진실은 언제나 통합니다. 지금은 자신에게서 모두 멀어져 간다고 느낄 수 있지만, 방법을 찾는 데 열심히 노력한다면 다시 친구들과 충분히 가까워질 수 있습니다. 본인이 친구들을 대하는 방식에 문제가 있는 건 아닐지 먼저 생각해 보세요. 자신도 모르게 다른 친구들을 무시하는 말을 했다든지, 친구가 싫어하는 행동을 한 건 아닌지, 자신보다 못나 보이는 친구를 깔보지는 않았는지 말입니다. 우리가 먼저 친구들의 장점을 찾고 배려하는 마음으로 대해 준다면, 다른 친구들도 우리의 진심을 알아줄 때가 반드시 올 겁니다. 또한 지홍이처럼 선생님때문에 친구 관계가 더욱 악화되었다고 생각한다면, 선생님과의 진솔한 대화 시간을 통해 함께 문제를 해결하기 위한 방법을 찾도록 노력해 보는 것도 좋습니다. 꼭 담임 선생님이 아니더라도 상담 선생님의 도움을 받아도 좋습니다. 어떠한 오해를 받고 있다거나 의도와는 다르게 원치 않는 상황이 반복적으로 일어난다면, 그 오해의 실마리를 푸는 것이 우선입니다. 그리고 혹시 잘못한 것이 있다면 그것을 고치는 데 더욱 노력해야 합니다. 친구들을 더욱 배려하는 마음을 갖고, 다른 사람의 입장에서 생각해 보는 습관을 갖는 것이 그 출발점이 될 것입니다.

5

선생님은
나만 싫어해요

"담임 선생님과 잘 지내고 싶어요."

선생님과의 관계가 잘 형성되면 학교생활이 즐겁습니다. 그런데 많은 학생들은 선생님은 공부를 잘하는 학생들만 좋아한다고 생각합니다.

선생님과의 관계에서 오해가 생기기 시작하면 계속 안 좋은 일들이 반복되게 되고 그럴수록 관계는 더욱 힘들어지게 됩니다. 나만 미워하고 나만 싫어하는 것처럼 느끼기 쉽습니다. 그러나 선생님들이 사소한 실수 때문에 한 학생만 극히 미워하는 경우는 거의 없습니다.

▲ 구지연(가명) 학생 그림

선생님과의 갈등

지연이의 하루는 매일 아침 지각으로 시작됩니다. 지각을 하면 혼이 나는 것은 물론, 항상 늦는 아이로 불리며 비웃음을 당하죠. 지연이는 선생님이 집이 멀어 새벽에 일어나야 하는 상황은 이해해 주지 않고 오히려 혼내고 창피를 주니 밉고 서운한 마음만 커집니다. 그러면서도 잠이 많은 자신의 모습도 싫어지고, 짜증이 납니다.

"학교에서 아예 찍혀 버렸어요. 매일 지각하는 것이 저의 잘못이긴 하지만 이 때문에 이다른 부분에서도 지나치게 혼나는 것 같아요. 대답하기 어려운 질문들은 꼭 수업 시간에 저만 지목하여 시키는 것 같고요."

지연이의 그림은 자신이 현재 느끼고 있는 문제에 극도로 긴장하고 있으며 그 상황에서 불안을 느끼고 있는 것으로 해석될 수 있습니다. 선생님으로 표현된 두 인물은 모두 입이 강조되어 있는데요, 이것은 그들의 말로 인해 자신이 상처 입고 있음을 표현한 것으로 볼 수 있습니다. 눈물을 흘리며 어깨가 축 처지고 경직된 자세로 서 있는 모습은 위축되고 불안한 심리 상태를 나타내고 있지요. 도화지를 반으로 나누어 오른쪽에는 아침을 맞는 자신을 표현하고 있는데, 시계를 강조한 것으로 보아 시간으로 인한 압박감과 불안함을 표현하고 있음을 알 수 있습니다. 뒷모습으로 누워 있는 형태는 현재 자신이 잠과 지각 사이에서 갈등하고 있음을 암시합니다. 또한 한 화면에 두 가지 상황을 표현함으로써 자신의 어려움을 이해받고 싶어 하는 마음을 표출하였습니다.

정말 지연이에게 선생님이 과도한 핀잔과 꾸중을 쏟는 것일까요? 반대로 생각해 보아야 합니다. 물론 아침부터 지각 때문에 꾸중을 듣는다면 그 어느 누구도 기분 좋게 하루를 시작할 수 없을 것입니다. 그래도 지각이 습관적으로 반복되고 있다면 지연이의 생활태도를 다시 한 번 점검해 볼 필요가 있습니다.

지연이의 경우, 명확하게 늦잠을 자는 원인을 찾아 해결하여 30분~1시간 정도 하루의 시작을 빠르게 당기는 것이 중요합니다. 아침에 기분을 망쳐 버린다면 이후 공부를 하든, 학교생활을 하든 부정적인 영향을 미칠 수밖에 없기 때문입니다. 현재의 수면 패턴을 확인해 보고, 깨어 있는 시간 동안 효율성을 높이기 위해 신경 써서 지각하는 습관을 고친다면, 선생님이 지연이를 바라보는 시각도 점차 변화될 것입니다. 하루아침에 달라지기는 힘들겠지만 조금씩 노력하는 모습을 보인다면 지연이가 현재 느끼고 있는 선생님에 대한 불만도 자연스럽게 사라지는 것은 물론 변화에 성공한 자신에 대한 자신감도 높아질 것입니다.

✤ ✤ ✤

다음은 지섭이가 그린 수업 시간 교실의 모습입니다. 선생님은 항상 수업 시간에 무서운 말투로 지적하고, 혼을 내는 분인 것만 같습니다. 특히 지섭이 자신을 지적하는 경우가 많아, 매우 기분이 좋지 않습니다. 다른 친구들과 같이 장난을 칠 때에도 혼나게 되는 건 항상 지섭이 혼자입니다. 선생님이 계속해서 지섭이만 주시하기 때문에 숨이 막히는 것 같고, 항상 감시당하는 느낌입니다. 이제는 도망치고 싶은 마음도 듭니다.

빠른 속도로 끊어진 선의 표현은 현재의 불안한 심리 상태를 그대로 드러냅니다. 선생님을 등진 채 혼자 왼쪽에 떨어져 있는 것은 지섭이가 내향적인 성격임을 상징합니다. 사람의 형태로 보아 전체적으로 우울한 심리가 느껴지며, 인물들을 모두 옆모습과 뒷모습으로 표현함으로써 현재 자신이 처한 상황을 해결해 줄 사람이 없음을 호소하는 듯합니다. 또한 경직된 자세는 자

▲ 현지섭(가명) 학생 그림

신이 현재 억압받고 있는 상태임을 드러내며, 강한 선으로 나타낸 일자 모양
의 눈은 모든 인물들이 서로 단절된 채 경직되고 불안한 모습임을 극대화시
키고 있습니다.

지연이와 지섭이는 모두 자신과 선생님 사이에 생긴 갈등때문에 고민이
많습니다. 담임 선생님이 자신을 대하는 태도가 달라졌거나, 다른 친구들에
게 대하는 모습과 비교가 되는 경우 당황하고 서운한 느낌이 듭니다. 그러나
정말 본인에게만 유독 그러시는 것인지, 아니면 다른 친구들에게도 비슷하
게 대하시는 것인지 잘 판단해야 합니다.

지연이의 경우 반복되는 지각이 담임선생님으로부터 부정적인 반응을 이

끌어 내고 있습니다. 물론 자신 상황은 이해해 주지 않고 무조건 혼만 내는 것 같은 모습을 보면, 상당히 억울한 기분이 들겠지요. 그러나 지연이에만 유독 너그럽게 대할 수 없는 선생님의 입장에 대해서도 헤아려 봤으면 좋겠습니다. 만약 반항하는 마음으로 자기 잘못을 고치지 않고 오히려 더 지각을 자주하는 것은 결국 본인에게 상처를 주는 행위라는 것을 알아야 합니다. 선생님과의 관계가 더욱 악화되면서 학교생활 자체에 거부감이 들게 될 테니까요. 지연이는 잠자는 습관과 등교 계획에 더욱 각별하게 신경 써서 잘못된 습관을 고치도록 노력할 필요가 있습니다.

지섭이는 담임 선생님과의 관계에서 자신이 노력하고 있는지 생각해 봐야 합니다. 담임 선생님이 자신을 감시하는 것 같고 기분 나쁘게 대해서 화가 많이 나고 반발심도 생기겠지만, 그 불편한 상황을 해결하기 위해서는 지섭이의 노력도 필요합니다. 더 삐딱하게 나가는 것이 본인에게 어떤 도움이 될까요? 선생님과의 관계가 더욱 악화되는 것이 돌이킬 수 없는 상황으로 몰고가는 것은 아닐까요? 지섭이가 평온한 학교생활을 하기 위해서는 선생님의 인식을 바꿀 필요가 있으며 여기에는 작은 노력들이 필요합니다. 장난 때문에 혼난다는 것을 보니, 바른 생활을 하는 지섭이의 이미지를 보여 드릴 필요가 있을 것 같습니다. 학교생활에서 지섭이의 장점을 활용하여 선생님의 신뢰를 쌓아 갈 부분을 찾아볼 것을 권합니다.

⚜ ⚜ ⚜

심리학자 토머스 길로비치Thomas Gilovich는 "우리를 곤란에 빠뜨리는 것은 우리가 모르는 것들이 아니라 흔히 우리가 잘못 알고 있는 것들이다."라고 하였습니다. 이처럼 우리의 잘못된 추측으로 인하여 관계가 더 어려워지는 경우가 있습니다. 이렇게 오해가 쌓일 때 가장 좋은 방법은 선생님을 찾아가 상황을 설명하는 것입니다. 용기를 내서 먼저 다가가 보는 것은 어떨까요.

친구도 싫고
학교도 가기 싫어요

"아무것도 하고 싶지 않아요."

"누구와도 얘기하고 싶지 않아요."

 학교생활 중에서 가장 어려운 것은 친구와의 관계일 것입니다. 한 가지 사례를 들어 보겠습니다. A라는 친구를 놓고 반의 많은 학생들이 놀렸습니다. 그러자 B라는 친구가 이건 잘못된 일이라고 이야기했습니다. 그 후 모든 학생들이 B까지 소외시키기 시작했습니다. B는 결국 학교를 그만두겠다고 했습니다.

소외당한 학생이 정말로 힘들었던 것은 자신과 가장 친하다고 생각했던 친구까지 그 무리에 있었다는 것입니다. 심한 배신감이 몰려오면서 학교가 너무 싫어졌다는 것입니다. 지금 우리 학교에서는 이런 비슷한 경우가 많이 발생되고 있습니다.

등교 거부

수험생인 민서는 자신의 성적에 큰 실망을 했고, 고3이 되고부터는 학교에 가고 싶지 않다는 생각으로 가득 차 있습니다. 작년까지만 해도 친구들과 어울리며 학교생활도 공부도 즐겁게 했지만 점점 자신을 조여 오는 대학 입시의 부담감때문에 친구들과의 관계도 멀어지고 학교에 가는 것이 두렵기만 합니다. 항상 수능 시험을 보는 꿈을 꾸는데, 이 꿈을 꾼 날이면 머리가 아프고 힘이 없습니다.

민서는 자신을 도화지의 좌측에 표현함으로써 내향적인 성격이 강한 모습을 보여 주고 있습니다. 눈을 감은 채 눈물을 흘리고 있는 모습에서 우울하고 슬픈 감정을 느낄 수 있으며, 누워 있는 모습에서 몸통을 생략함으로써 신체적 에너지가 결여되어 있음을 나타내고 있습니다. 그림에 보이는 약하지 않은 선은 보통 곧고 망설임이 없고, 인내심이 많으며, 안정됨을 상징하지만, 여기에서는 자신을 아픈 상태로 묘사함으로써 현재 문제 상황에 처해 있음을 드러내고 있습니다. 학교와 사람들을 말풍선 안에 넣어 민서 자신이 겪는 문제가 학

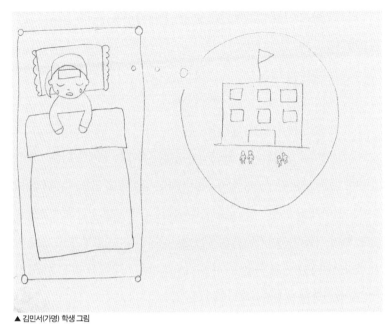

▲ 김민서(가명) 학생 그림

업과 사람 때문인 것임을 보여 줍니다.

현재 민서의 가장 큰 문제점은 내적 에너지가 많이 떨어져 무기력하다는 것입니다. 무기력함은 공부도, 친구 관계도 나아지게 하지 않습니다. 계속 누워만 있고 싶고 학교에도 가기 싫은 마음에서 벗어나기 위해서는 새로운 전환점이 필요합니다. 우울과 무기력을 해소하기 위해 처음부터 무리하게 특별하고 과한 것을 시작하기보다는, 아주 작고 사소한 것이지만 활력을 줄 수 있는 이벤트를 마련하는 것이 중요합니다. 하루의 반나절쯤은 아무 걱정 없이 잠을 푹 자고 일어나거나 소중한 친구와 즐거운 시간을 보내는 것도 하나의 방법이 될 수 있습니다. 그 시간을 버린다고 초조해 하지 말고 앞으로의 시간을 값지게 만들기 위한 투자라고 생각하며 과감히 보내는 것이 중요합니다.

✤ ✤ ✤

다음은 영미의 그림입니다. 영미가 생각하는 학교는 언제나 외롭고 쓸쓸합니다. 다들 친한 친구들과 함께 이야기하고 공부하고 밥을 먹지만, 영미 옆에는 친구가 없습니다. 친구들은 항상 자신을 투명인간 취급하는 것 같습니다. 함께 어울려 이야기하고 싶지만 쉽지 않고, 점심시간에 같이 밥을 먹긴 하지만 자신과 어쩔 수 없이 먹어 주는 것 같은 느낌이 듭니다. 친구들이 자신을 싫어하는 것 같습니다.

그림 속 영미는 친구들과 학교 건물에서 동떨어져 그들을 바라보며 슬퍼하고 있습니다. 얼굴은 옆면, 몸은 정면으로 표현하고 있는데 이것은 사회적으로 무언가 잘 되지 않을 때 나타나는 현상으로 현재 대인 관계에서 문제를 겪고 있는 것으로 볼 수 있습니다. 또한 다른 사람과 접촉하며 현재 상황에 대처할 수 있는 능력이 없고, 환경에 대한 만족감을 느끼지 못하고 있으며, 환경 적응에 어려움을 겪고 있어 위축되어 있습니다. 그림을 통해 봤을 때는 전체적으로 친구들이 자신을 외면하고 있다는 생각과 스스로가 대인 관계에서 과민하게 반응한다는 것 등이 복합적으로 작용하여 스트레스를 받고 있는 것으로 보입니다. 청소년기의 또래 관계는 다른 시기 때보다 민감하고 예민합니다. 자신을 둘러싼 여러 가지 상호관계들 중 가장 많은 영향을

▲ 진영미(가명) 학생 그림

받으며 가치관까지 좌우하기도 합니다. 자신이 느끼는 심리적인 불안감이 어디에서부터 왔을지 생각해 보는 것이 중요합니다.

문제 해결을 위해서는 영미 자신이 먼저 친구들에게 한 발짝 가까이 가려고 노력해야 할 것입니다. 그러기 위해서는 자신이 가지고 있는 장점을 깨닫고 다른 친구들에게 다가가는 방법도 알아야겠지요. 영미가 본인이 어떤 장점을 가지고 있는지, 다른 친구들에게 없는 재능은 무엇이 있을지 한번 생각해 봤으면 합니다. 그리고 학교생활에서 보다 적극적으로 장점을 살릴 기회를 찾고자 노력한다면, 친구들이 영미를 보는 시선은 이전과 달라질 것입니다. 또한 다른 친구들에게 먼저 도움의 손을 내밀고, 상대방을 이해하는 마음을 갖는다면 원만한 친구 관계를 맺을 수 있으리라 여겨집니다.

⚜⚜⚜

때로는 과한 노력이 오히려 또래 관계를 멀게 만들 수도 있습니다. 만약 이러한 시도들이 오히려 친구들과의 관계를 서먹하게 한다거나 멀어지게 만든다고 느낀다면 좀 다른 방법을 시도해 보아야 합니다. 불편하게 느껴지더라도 선생님이나 부모님의 도움을 얻는 것 역시 하나의 방법이 될 수 있습니다. 선생님, 부모님이 직접적으로 친구 관계에 개입하기보다는 자신이 손쓸 수도 없이 악화된 관계에 간접적으로 긍정적인 기회와 분위기를 마련해 해결의 실마리를 제공해 줄 수 있습니다.

먼저 자신이 긍정적인 생각을 많이 하면서 자신감을 가지고 친구들을 배려하고 도와주도록 노력해 보세요. 그러다 보면 친구들도 가까워질 것이고 그러면서 친해질 것입니다. 좋은 친구들과 함께 할 수 있는 시간들이 많아지길 바랍니다.

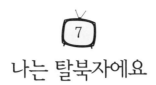

나는 탈북자에요

"그날의 기억을 잊고 싶어요."

　요즘에도 가끔씩 TV에서 탈북자들에 대한 뉴스를 접하게 됩니다. 1990년대 초반에 10명 이내였던 탈북자 수는 점점 증가하여 2013년도에는 한 해에만 1,500명 이상이 되었습니다. 특히 20세 이하의 아동·청소년 비율은 매년 증가하고 있습니다. 성장기와 사춘기 시기를 남한에서 보내는 이들에게 문화적·사회적 적응이 누구보다 우선됩니다.

　목숨을 걸고 국경을 넘어 남한에 도착한 탈북자들은 북한에서의 삶보다 더 행복한 삶을 살기 위해 일생의 결단을 내린 사람들입니다. 그러나 남한에서 새로운 삶을 시작한 이들에게 늘 기쁜 일만 있는 것은 아닙니다.

특히 탈북 청소년들은 청소년기라는 혼란의 시기인 데다가 탈북자로서의 적응 문제가 더해져 더욱더 혼란스러울 수 있습니다. 언어 문제, 또래 적응 문제, 교육제도의 차이, 문화적 차이, 경제적 어려움 등은 이들 탈북 청소년들이 안정적으로 성장하는 데 커다란 걸림돌이 됩니다.

학령기에 남한 교육제도에 적응하지 못한 탈북 청소년들은 자신의 미래를 부정적으로 바라보며 방황하거나 비행하기 쉽습니다. 이에 여러 부분에 대한 사회적 지원과 함께, 탈북청소년들의 마음을 헤아리려는 노력과 그들을 이해하려는 시선이 필요합니다.

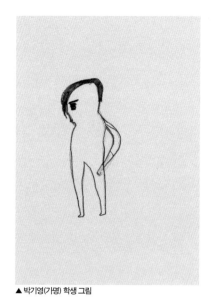
▲ 박기영(가명) 학생 그림

탈북 청소년이 갖는 긴장감과 두려움

기영이는 자신의 옆모습을 그렸습니다. 이는 기영이가 바깥세상과 소통하는 것을 회피하고 있음을 의미하며, 자신만의 생각에 갇혀 있거나 자존감이 낮은 상태임을 상징하기도 합니다.

192

전체적으로는 머리의 크기가 몸통보다 크게 그려져 있어 툭 치면 금방이라도 넘어질 것처럼 불안하고 긴장된 느낌을 줍니다. 반면에 팔은 굉장히 가늘게 표현되어 있어, 자신이 현재 상황에서 대처할 수 있는 능력이 부족하다고 느끼고 있거나, 다른 사람들과의 관계에서 스스로를 억제하고 수동적으로 행동하고 있다는 것을 보여 줍니다. 눈을 지나치게 강조한 것은 세상에 대해 과도하게 경계하고 있는 것 같습니다. 다른 사람의 모습을 의심하며 민감하게 반응하고 있다는 것으로 해석할 수 있습니다. 완전히 생략된 왼쪽 팔과 가늘게 표현된 다리는 내재된 불안감으로 인해 상실감을 느낀다고 볼 수 있습니다.

✠ ✠ ✠

"선생님, 저는 그날 정말 죽을 뻔 했어요."

철이는 북한을 탈출하고 남한으로 넘어오던 길에 자신의 목숨이 위협받았던 경험을 그림으로 표현하였습니다. 배를 타고 오던 길이었는데, 거친 물살과 앞이 보이지 않는 어둠 때문에 물에 빠져 죽을 뻔한 경험을 했다고 합니다. 전체적으로 선이 강하게 표현되어 있고, 강렬한 색들로 거칠게 내리그었습니다. 바닷속에 빠져 죽은 듯한 인물은 자신을 의미합니다. 긴박하고 숨막히는 탈출의 기억이 빠르게 그은 선들로 표현되어 있습니다.

밤을 비추는 달이 떠 있지만 어둠에 가려져 있고, 전체적인 구도가 오른쪽

▲ 안철(가명) 학생 그림

위에서 왼쪽 아래로 내리그어져 화면 전반에 긴장감을 주고 있습니다. 배 위에 있는 인물은 물속에 빠진 자신을 안타깝게 쳐다보고만 있는데, 자신과 배를 연결해 주는 가느다란 선 한 가닥이 유일한 삶의 끈으로 보입니다. 이 그림을 통해 철이가 탈북 과정에서 경험한 위태로움과 두려움, 긴장감과 무서움, 불안감 등을 엿볼 수 있습니다.

✢ ✢ ✢

지찬이는 남한으로 넘어오기 전에 너무나 많은 신체적 · 정신적 고통을

▲ 공지찬(가명) 학생 그림

받았던 청소년이었습니다. 탈출을 시도하다 붙잡혀 수용소에 끌려간 경험만 몇 차례인데, 북한에서 상당한 폭행을 경험했다고 합니다. 처음에 지찬이가 그림을 그릴 당시에는 거의 아무말 없이 작업에만 집중하였습니다. 그림을 모두 완성하고 나서는 이렇게 말했습니다.

"이제는 이럴 일이 없죠. 그래서 안심이 되긴 하는데…… 아직도 이때만 생각하면 너무 무섭고 힘들어요."

지찬이는 작은 구획으로 공간을 제한해 두고 인물(자기)을 가둬 둔 형태로 표현하였습니다. 거칠고 긴장된 선으로 여러 겹 덧그린 구획선(수용소로 추정)이 자신을 더욱 억압하고 있으며, 그 안에는 불이 타오르는 듯 붉고 강한 선들이 빼곡합니다. 수용소에서 경험한 신체적 고통과 정신적 충격은 수용소 안쪽에 표현된 두 보색의 대비와 강한선으로 나타나고 있습니다.

지찬이로 보이는 인물의 눈은 신체에 비해 크게 강조되어 있는데, 이는 불안감과 두려움에 대한 표현으로, 아직까지 자신을 힘들게 하는 사건에 대한 기억을 의미합니다. 또한 검은 줄로 묶여 있는 인물의 손과 발은 당시 지찬이가 겪은 고통을 짐작케 합니다.

❋ ❋ ❋

탈북 청소년 중에는 북한에서 힘겹게 생활한 기억을 갖고 있거나, 탈북 과정에서 아픈 상처를 지닌 경우가 많습니다. 가족과 함께 넘어온 사람들도 있지만, 부모나 친지를 북에 둔 채 홀로 남한으로 온 경우도 있지요. 이러한 상황은 그들의 자아 정체성 형성에 큰 영향을 주게 됩니다.

그 기억을 떠올리는 것 자체가 힘겨울 뿐더러, 자신의 아픔을 나눌 친구들을 만나는 것도 어려운 일일 것입니다. 또한 탈북자에 대한 부정적인 시선과 편견 때문에 북한 출신이라는 사실이 학급 친구들에게 알려지게 되면 무시를 당하거나 따돌림을 당할 수 있다고 생각하여, 자신이 탈북자인 것을 드러내려 하지 않거나 밝히는 것을 꺼리는 경우도 많을 것입니다.

생사를 넘나드는 고통의 시간을 겪은 탈북 청소년들에게는 주변의 따뜻한 시선이 가장 필요합니다. 그들이 남북의 문화적인 차이를 이해하고 새로운 사회에 적응하는 데에는 이들이 가장 가까이서 만나는 친구나 선생님, 주변 이웃의 역할이 굉장히 중요합니다.

실제로 새로운 문화에 적응이 필요한 유학생을 대상으로 한 연구에서, 새로운 환경에 적응하는 데 가장 큰 영향을 미친 요인이 현지인 동료라고 밝혀졌습니다. 이는 탈북자 청소년들 역시 새로운 사회에서 긍정적인 자아상을 가지고 성장하는 데 또래 관계와 사회적 관계가 가장 큰 영향을 미칠 것이라는 것을 이야기합니다.

그들이 갖고 있는 여러 어려움들은 극복하기란 쉬운 일이 아닙니다. 우리에게는 한국의 미래를 이끌어 갈 새싹인 이들이 우리나라에 제대로 안정적으로 정착하는 것을 도울 의무가 있습니다. 학교에서 탈북 청소년들이 언어적인 문제로 힘들어 한다면 옆에서 알기 쉽게 설명해 주는 것도 좋은 방법이고, 탈북 청소년들이 자신감을 가질 수 있도록 그들이 잘하는 것에 대해 주변에서 아낌없이 응원해 주는 것도 좋은 방법이 될 수 있습니다. 처음에는 이러한 노력들이 작아보일지 몰라도, 그들이 새로운 삶을 시작하는 데 큰 용기를 줄 것입니다. 우리와 함께 어울려 살아가는 데 큰 도움이 될 수 있을 것입니다.

프레데릭 모건
〈신경 쓰지 마〉, 1884

명 화 로 내 마 음
어 루 만 지 기

프레데릭 모건^{Frederick Morgan, 1847~1927}은 영국의 풍속화가입니다. 자연 속에서 행복한 일상을 나누는 가족의
모습이나, 즐겁게 노는 아이들의 모습을 주로 그린 것으로 유명합니다. 그의 그림 속에는 유독 해맑은 표정
의 아이들이 많이 등장하는데, 그 아이들의 모습은 평화롭기 그지없습니다. 순수하고 맑은 눈을 지닌 아이들
의 모습은 보는 사람으로 하여금 근심이 사라지고 마음이 정화되는 기분을 갖게 합니다.

앞의 그림은 〈신경 쓰지 마〉라는 제목의 작품입니다. 화면 왼쪽의 아이는 어려 보이는데, 다리 위에 놓인
인형의 머리로 보아 인형의 몸통 부분과 분리된 것으로 추측됩니다. 아이는 머리가 떨어진 인형을 들고 꽤
나 슬퍼했던 것 같습니다. 아직도 슬픈 기운이 가시지 않는 듯 오른손으로 눈 언저리를 쓸고 있는 모습에
서 감정을 추스린 지 얼마 되지 않았음을 추측할 수 있습니다. 큰언니는 놀라서 슬퍼하고 있을 동생을 옆
에서 따스하게 껴안으며 손을 잡아 위로합니다. 그래서인지 아이가 한참 더 울 수도 있는 상황에서 비교적
빨리 마음을 정리한 것처럼 보입니다.

관계에서 중요한 것은 서로에 대한 배려와 관심입니다. 자신에게 누가 도움을 주고 챙겨 주기를 기다리기 이
전에, 먼저 상대방을 살피며 필요한 순간에 손을 내밀어 준다면 새로운 관계의 시작이 될 수 있지요. 여기서
유의할 점은, 막연하게 기다리는 것만큼이나 필요 이상의 과도한 노력 역시 다른 사람들과의 관계에 부정적
인 영향을 준다는 것입니다. 그래서 '배려심'이라는 것이 중요하다는 것이지요. 다른 사람과의 관계에서 자신
의 어떤 모습이 문제가 될 수 있을까요? 여러분의 태도나 행동이 상대방에게 어떻게 보일까요? 또한, 여러분
의 어떠한 점이 다른 사람들과의 관계에서 도움이 될 수 있을까요? 무엇이 본인의 장점인가요?
먼저 다른 사람들과의 관계 안에서 자신의 모습을 체크해 볼 것을 권합니다. 자신의 부족한 점은 어떻게
바꿀 수 있을지, 장점은 어떻게 어필할 수 있을지 생각해 보는 것이죠. 다른 사람들의 조언을 구하고, 그
것을 실천에 옮길 수 있도록 노력해 보는 것도 필요합니다. 이러한 고민과 노력들은 분명히 여러분에게 새
로운 관계를 열어 주는 열쇠가 되어 줄 것입니다.

제4장

가족의 굴레

"행복은 항상 손에 잡고 있는 동안에는 작게 보이지만, 놓쳐 보라.
그러면 곧 그것이 얼마나 크고 귀중한가를 알게 될 것이다."
–막심 고리키Maxim Gorky

에드바르트 뭉크
〈어머니의 죽음〉, 1899

명화로 내 마음
들 여 다 보 기

에드바르트 뭉크^{Edvard Munch, 1863~1944}는 노르웨이 출신의 화가입니다. 주로 어둡고 우울한 그림을 그렸음에도 불구하고 뭉크는 노르웨이 지폐에 자신의 얼굴이 그려져 있을 정도로 뜨거운 사랑을 받고 있습니다.

그가 어둡고 우울한 그림을 그린 것은 어린 시절의 상처와 커다란 연관이 있습니다. 의사였던 그의 아버지는 성격에 문제가 있는 사람이었습니다. 또한 일찍이 어머니와 누이의 죽음을 겪은 뭉크는 어린 시절부터 불안정한 환경에서 자랐습니다. 5살 때에 어머니의 죽음을 경험하고, 비정상적인 아버지로부터 받은 억압과 스트레스는 그가 늘 불안과 공포심 속에서 자라도록 만들었습니다.

그림 속 소녀는 귀를 막은 채 정면을 바라보고 있는데, 그 눈빛에서 분노와 불안이 동시에 느껴집니다. 아마도 뒤에 보이는 소녀의 어머니가 방금 침대에서 죽음을 맞이한 것 같습니다. 직감적으로 어머니의 죽음을 느낀 소녀는 아무 이야기도 듣고 싶지 않다는 듯이 두 귀를 막고 있습니다. 창백하고 싸늘해진 어머니의 사체를 바라보는 소녀의 심정은 어떠할까요. 이 어린 소녀가 죽음을 깨닫고 받아들이기까지는 얼마나 오랜 시간이 걸릴까요. 어린 소녀는 지금 자신에게 얼마나 두렵고 무서운 일이 벌어졌는지 이미 알고 있는 것 같습니다. 주변의 어떤 누구도 소녀에게 도움을 주지 못하고 있으며, 자신에게 일어난 슬픔의 무게가 너무나 커서 분노까지 느끼는 것으로 보입니다.

우리는 살면서 수많은 좌절과 시련을 경험합니다. 특히나 가족과 직접적 연관이 있는 시련은 한 개인의 일생에 커다란 영향을 미칠 수도 있는 어려운 문제입니다. 청소년들은 자신의 이야기를 들어주지 않는 부모님 때문에 외톨이 같은 느낌을 받을 때도 있으며, 자신의 의견이 무시당해 깊은 분노가 쌓일 수도 있습니다. 특히 청소년들에게 가족 내 갈등은 훨씬 더 깊은 상처로 남는 경우가 많은데, 그들이 성장하는 과정에서 얻은 부정적인 경험들은 성인이 된 이후에도 그들을 괴롭히며 살아가는 방식에 영향을 미칠 수 있습니다. 또한 해결 방법을 찾지 못한 채 자신만의 세계 속에서 상처를 더 키울지도 모를 일입니다.

그러나 반드시 알아야 할 것이 있습니다. 우리에게 상처가 되어 남은 과거 경험들은 원래 피할 수 없었던 일이며, 언젠가는 스스로 반드시 극복해야 하는 문제라는 것입니다. 자신을 괴롭히는 문제들을 홀로 극복할 수 없을 때는 주변에 적극적으로 도움을 청하기도 하고, 소리쳐 보기도 할 것을 권합니다. 주변의 도움을 받아 노력한다면, 혼자서 겪을 때보다 훨씬 짧은 시간에 상처를 극복할 수 있을 것입니다.

1
부모님은 제 마음을
헤아려 주시지 않아요

"저희 부모님은 저를 사랑하지 않는 것 같아요. 제 얘기를 들으실 때마다 저를 이해해 주시기보다는 꾸중을 하세요."

"다른 친구들은 부모님과 잘 지내는 것처럼 보이는데, 그런 모습을 볼 때마다 저는 왜 그렇지 못할까 하고 속상해져요. 저도 부모님과 가까이 지내고 싶어요."

청소년기는 또래 관계에 중요성이 높아져 부모님과는 좀처럼 대화하지 않으려 하는 시기입니다. 그렇다고 해서 부모님의 애정이 필요 없어진다거나, 무관심으로 대해도 좋다는 이야기는 아닙니다. 오히려 청소년기는 자기 정체성을 찾아가며 혼란스러운 감정 변화를 겪는 시기이기 때문에, 그 어떤 시기보다도 부모님의 관심과 이해가 필요합니다.

사춘기 자녀와의 소통법

다음은 중학교 2학년 정빈이의 그림입니다. 정빈이는 가장 답답하다고 느꼈던 사건을 표현하였습니다.

"제가 어느 날 몸이 너무 아파서 학원에 못 갔던 적이 있어요. 근데, 부모님께서 걱정을 해 주시는 게 아니라, 학원에 안 갔다고 뭐라고 하셨어요."
"정빈이가 마음이 좋지 않았겠구나."
"네. 학원에 못 간 이유는 제대로 듣지도 않고서, 학원비가 얼마짜리인데 그걸 빠졌냐고 뭐라고 하시기만 했어요. 너무하지 않아요? 부모님은 원래 평소에도 돈 얘기를 많이 하셔요. 제가 아파서 그랬다고 하는 건 건성으로 들으시고는 학원비 얘기만 하시니까 되게 마음이 상했어요."

그림 왼쪽에 위치한 정빈이는 양팔로 몸통을 감싼 채 앉아 있는 모습입니다. 오른쪽에는 학원에 왜 빠졌냐고 핀잔을 주는 엄마가 그려져 있는데, 정

▲ 현정빈(가명) 학생 그림

빈이가 자신의 말을 들어주지 않는 엄마 때문에 소통의 문을 닫아 버린 상 태임을 알 수 있습니다. 엄마의 다리는 생략되어 있으며, 상체만 크게 드러 나 있습니다. 상대적으로 정빈이보다 크게 그려진 것은 엄마의 훈계 속에서 묻어나는 권위적인 태도가 상징적으로 표현된 것으로 보입니다. 엄마의 큰 손을 통해서도 알 수 있습니다.

자녀들이 학원에 가지 않았을 경우, 자녀들의 마음을 헤아려 주기는커녕 이유를 듣기도 전에 무작정 '학원비가 아깝다.'라고 반응하는 분들이 있습 니다. 그러나 자녀들 나름대로 학원을 가지 못했던 이유가 분명히 있습니다. 공부 자체에 대한 흥미가 적거나 본인의 능력으로 수업 내용을 따라가기 어

206

렵다고 느끼는 경우, 혹은 반항심에 의해 소홀한 경우 등이 그렇습니다.

청소년기 자녀들은 독립적인 성향을 보이면서도 부모님의 관심과 애정에 민감하게 반응합니다. 이유를 물어보고 그럴 수밖에 없는 상황이라면 자녀들의 생각을 먼저 들어주는 것도 중요합니다.

⚜ ⚜ ⚜

"고모에게 정말 크게 혼난 적이 있어요. 부모님도 아니면서 왜 심한 이야기를 하는 거죠? 자존심도 상하고 울컥하지만 반항할 수도 없고 꾹꾹 참을 수밖에 없어요. 전 잘못한 것이 없는 것 같은데 저를 심하게 괴롭힌다는 생각이 들어요. 너무 스트레스예요."

17살 민혜의 이야기입니다. 민혜는 현재 부모님과 떨어져 고모의 가족과 함께 살고 있습니다. 그렇기 때문에 더더욱 반항할 수 없고 싫은 소리 한 번 할 수 없습니다. 민혜는 이런 상황이 너무 답답하기만 합니다. 부모님도 아닌 친척에게 잔소리를 듣는 것에 거부감을 표현하며, 고모의 말 때문에 상처받은 자신을 그리고 있습니다. 그림을 통해 고모를 두려운 존재로 생각하고 있다는 것을 알 수 있는데, 고모와 좋지 않은 관계 때문에 불안한 심리 상태와 낮은 자존감으로 인해 우울한 자신의 모습을 표현하고 있습니다.

우리는 주변에서 부모님과 떨어져 친척들과 함께 사는 학생들을 종종 볼 수 있습니다. 원래 가족과 사는 것보다 불편한 것이 사실입니다. 그 안에서

본인만 타인처럼 느껴지고 친척들이 자신을 불편해 하는 것만 같은 느낌을
받을지도 모릅니다.

　민혜의 고모가 현재 부모님의 역할을 대신 해 주고 있기 때문에 부모님처
럼 말을 할 순 있습니다. 하지만 고모 역시 민감한 사춘기인 민혜가 상처 받
지 않도록 말해 주는 것이 필요합니다. 부모님의 역할을 대신한다는 부담감
때문에 더 많은 관심을 쏟으며 간섭해야 한다고 생각할 수 있지만, 부모님과
살 수 없는 아이의 마음을 헤아려 따뜻한 관심과 격려의 말을 건네는 것이
훨씬 더 효과가 있을 것입니다.

《가족의 심리학》(2005) 저자인 임상심리학자 토니 험프리스Tony Humphreys는 "이 세상에 아이를 사랑하지 않는 부모는 없고, 부모를 사랑하지 않는 아이도 없지만 모두 행복한 가정을 꾸리는 것은 아니다."고 하며 진정으로 가족이 행복해지기 위해서는 연인처럼 서로를 이해하려는 노력이 우선되어야 한다고 말하였습니다.

아무리 부모님과 티격태격 말다툼이 잦아도 정서적인 지지가 끊임없이 뒷받침된 청소년들은 변덕스러운 감정 변화에서도 자기통제 능력을 기를 수 있어, 더 바르고 건강한 모습으로 성장하게 됩니다.

부모님과 자녀의 관계에서도 서로의 노력이 필요합니다. 청소년기 자녀들은 더 이상 어린 아이가 아닙니다. 부모님은 청소년기 자녀들의 주체적인 생각을 이해하고 수용하고자 하는 태도가 필요하며, 청소년기 자녀들은 자신만의 생각에 사로잡히지 않고 부모님의 입장이 되어 생각해 보는 것이 필요합니다. 서로의 마음을 헤아리는 태도로 많은 대화를 나누는 것이야말로 갈등 해결의 실마리가 될 것입니다.

2
부모님이 싸우실 때마다
저는 어떻게 해야 하나요

"부모님이 싸워요. 매일 같이 싸우다 이혼하신다는 말이 나왔어요. 제가 어떻게 해야 할까요. 지금 상황에서 도움이 되는 것이 있을까요? 저 때문은 아니겠죠? 도무지 방법을 모르겠어요."

"저는 중학교 1학년입니다. 엄마 아빠가 계속 싸우세요. 이번에는 이혼까지 하려고 했어요. 그래서 제가 울면서 매달렸어요. 엄마와 아빠와 같이 살 수 있기를 기도하고 있어요."

많은 청소년들이 부모님의 싸움 때문에 힘들어하고 있습니다. 유일하게 의지할 수 있는 가족이 없어진다고 생각하면 모든 것이 사라지는 기분일 텐데요. 아무것도 할 수 없어 두려움에 떨고 있는 우리 청소년들에게 조금이라도 상처를 덜 줄 순 없을까요? 행복하게만 살아도 모자란 인생인데 좋은 추억만 남겨 주며 살아 갈 순 없는 걸까요?

청소년들이 느끼는 대표적인 스트레스 상황 중에 하나가 부부싸움입니다. 그 상황에서 대부분 불안과 공포감을 느끼는데 싸움의 원인을 자신에게 투사하여 자존감과 자아상, 나아가 대인 관계에도 부정적인 영향을 받는 경우가 많습니다. 부부싸움이 빈번한 가정에서 자란 아이는 일상에서도 과도한 불안과 우울, 위축, 폭력성과 같은 심리적 어려움을 겪습니다. 따라서 부모님들은 부부싸움 하는 장면, 특히 언어와 신체 폭력을 동반한 싸움은 아이들한테 가능한 노출되지 않도록 하는 것이 좋습니다. 하지만 부모님도 감정을 가진 사람이기 때문에 상황에 따라, 다양한 이유로 인해 종종 싸울 수도 있다는 것을 아이들에게 이해시킬 필요도 있습니다. 부모님이 갈등 후 대화를 통해 화해하는 모습은 아이들이 대인 관계 기술을 배우는 중요한 순간이 될 것입니다. 청소년들은 부모님의 갈등 상황에 대해 객관적으로 이해하면서 그 원인이 자신에게 있는 것이 아니라는 사실을 잊지 말아야 합니다. 또한 자신의 의견을 부모님께 솔직하게 전해 보는 것도 좋습니다. 부모님도 배우자의 생각을 조금만 존중하고 이해해 준다면 사춘기 시절 예민하고 민감한 아이들이 받을 상처를 조금이라도 줄일 수 있을 것입니다.

이혼 위기로 인한 불안감

중학교 3학년인 미주는 화가 많이 난 상태로 이야기합니다.

"학교가 끝나 집에 돌아오면 편히 쉬고 싶은데 부모님이 다투는 바람에 쉴 수도 없고 아무것도 할 수 없어 너무 화가 나요. 학교에서도 집에서도 마음 놓고 쉴 수가 없어요. 부모님이 저의 존재를 잊고 있는 건 아닌지 걱정돼요. 두 분이 싸우는 모습을 보는 게 싫다고 아무리 말씀드려도 제가 있든 없든 서로 싸우시기만 해요. 그런 모습을 보면 마음이 답답해지고 그 소리를 듣기 싫어서, 그냥 무작정 밖에 나갈까 싶기도 한데 딱히 갈 곳도 없어요."

미주는 부모님의 심각한 갈등 상황에서 스트레스를 받고 있습니다. 집에 가서 편히 쉬고 싶어도 마음 의지할 곳이 없어 불안합니다. 학교에서도 즐겁게 지낼 친구가 없어 위로받기 어렵습니다.

미주의 그림에서는 자신이 해결 할 수 없는 문제에 대해 회피하려는 성향과 무기력해진 모습이 보입니다. 현재의 심리적 불안감을 표현하고 있는데 눈동자 없이 표현된 빈 눈은, 몸이 정면을 향해 있지만 앞을 보지 않고 있음을 의미합니다. 이는 미주가 자신이 마주하는 현실의 문제점을 제대로 바라보지 않고 도망치기 위한 것입니다. 양 옆으로 곧게 뻗어 강조된 팔은 스스로가 문제 해결을 위해 어떠한 행동을 하려고는 했

▲ 유미주(가명) 학생 그림

지만 실질적으로는 아무런 의미가 없었거나 무기력했던 경험이 있었음을 보여 줍니다. 또한 하체를 생략, 마치 둥둥 떠 있는 듯 표현한 것은 땅을 곧게 딛고 서 있지 못해 안정감이 없는 모습 즉, 마음 둘 곳 없고 심리적으로 의지할 곳이 없는 미주의 상황을 이야기해 주고 있습니다. 그 밖에 나무나 집 그림에서도 외부와 소통이 원활하지 않는 것으로 보아, 주변으로부터 안정감을 얻는 데 많은 어려움을 겪고 있으리라 생각됩니다. 아무것도 할 수 없다는 생각과 그냥 이 상황을 벗어나고 싶다는 마음만 느껴집니다.

✤ ✤ ✤

고등학교 2학년인 현일이는 부모님이 싸울 때면 무엇을 해야 할지, 어떻게 해야 할지 몰라 무작정 방으로 들어가 싸움이 끝날 때까지 긴장하며 혼자 숨어 버린다고 합니다.

"방에 있어도 부모님이 싸우는 소리는 멈출 생각을 않고 더욱 심해져요. 저는 아무것도 하지 못한 채 이 싸움이 끝나기만을 기다려요. 혹시 큰 일이 벌어지는 것은 아닐까 하는 마음에 가슴이 조마조마해요."

▲ 장현일(가명) 학생 그림

현일이는 그림에서 부모님이 싸우는 장면을 방문 사이로 지켜보는 인물이 자신이라고 했습니다. 지우개질을 반복하며 수정한 것은 부모님이 싸울 때 느껴지는 불안함이 반영된 것으로 보입니다. 이 상황에서 도망치고 싶은 마음을 드러내며 문제 사실을 직접적으로 해결할 수 없어 힘들어한다는 것을 느낄 수 있습니다. 부모님 묘사를 통해 현재의 공격성을 볼 수 있고, 자신들의 주장만을 내세우는 싸움의 방식을 엿볼 수 있습니다. 현일이는 자신이 완벽하게 부모님의 문제로부터 분리될 수 없다는 사실을 느끼고 있습니다.

⚜ ⚜ ⚜

다음은 고등학교 1학년인 영주의 이야기입니다.

"부모님이 싸우는 소리가 들릴 때면 머리가 멍하고 흔들리는 기분이 들고, 어디론가 빨려 들어가는 것 같은 느낌을 받아요. 이런 이상한 느낌이 어릴 때부터 반복되고 있는데, 부모님이 싸우는 날이면 더욱 심해지는 것 같아 방안에 들어가 책상에 엎드려 아무 생각도 하지 않고 가만히 있는 습관이 생겼어요. 이 상황을 벗어나기 위해 집을 나가 버릴까 생각한 적이 있지만 그것도 뜻대로 되지 않았어요."

✢ ✢ ✢

중학교 1학년인 동민이는 부모님이 싸울 때 가장 마음이 아프고 힘들다고 합니다.

"제가 집에 있는데도 부모님이 험한 말을 하면서 싸울 때는 집에서 나가고 싶고, 죽고 싶다는 생각도 들어요. 특히 주변 동네 사람들도 이미 부모님이 자주 싸우신다는 것을 알고 있어서 창피하고 제가 불쌍한 것처럼 이야기하면 더욱 절망적으로 느껴져요. 집을 나가 혼자 살고 싶은 마음

▲ 김동민(가명) 학생 그림

이 들어요."

그림을 보면 동민이가 부모님이 싸우고 있는 상황을 통제할 수 없는 상태이며 두려워하고 있음을 알 수 있습니다. 똑같은 자세로 팔을 벌리고 있는 모습은 자신에게 부모님이 공격적으로 다가온다고 느끼고 있음을 알려 줍니다. 닫힌 문을 통해 부모님과 자신을 분리하여 표현하였고, 부모님과 소통을 거부하는 태도를 보이며 본인이 느끼는 압박감을 나타내고 있습니다. 돈 때문에 싸우고 있는 부모님 때문에 동민이는 많은 상처를 받았고, 만약 부모님이 이혼을 하게 되면 어떻게 해야 하나 고민도 하고 있습니다.

❦❦❦

많은 아이들이 부모님이 서로 갈등하는 모습을 볼 때 힘들어합니다. 자신을 지켜 줄 수 있는 대상이라고 생각하는 부모님이 자신과 분리되는 것은 아닌지 걱정하면서 말입니다. 이런 상황은 청소년들의 정서적인 부분에 나쁜 영향을 크게 미칠 수 있습니다.

비슷한 상황을 겪는 청소년들이 있다면 부모님께 자신의 이야기를 해 보는 것도 좋은 방법입니다. "엄마 아빠도 힘든 상황에서 스트레스를 많이 받으시겠지만, 저도 너무 불안하고 힘들어요."라고 용기 내어 말해 본다면 부모님들께서도 이해하고 다독여 줄 것입니다. 그러면서 더욱더 자신의 역할에 충실하고 성실하게 생활해 나간다면 부정적인 생각에서 벗어날 수 있지 않을까요. 용기를 내어 보세요.

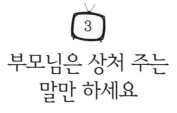

부모님은 상처 주는
말만 하세요

"저는 나름대로 잘 하려고 노력하는데, 부모님은 제게 불만이 많으세요."

"저랑 아버지랑 성향이 정반대거든요. 그런데 아빠는 항상 본인이 원하시는 것만 강요하세요. 제 마음을 말하려고 해도 듣지 않으시고, 그냥 저를 이상한 사람으로 취급해요. 그래서 이제는 아빠 얼굴도 보기 싫어요."

'심리적 동일시'는 어떤 중요한 대상과 자신이 구별된다는 느낌을 유지하면서도 그 대상이 가진 이미지의 한 부분을 자기 이미지로 귀속시키는 능력을 말합니다. 위의 사례는 아빠가 아들에게 동일시를 요구하는 것으로 볼 수 있습니다. 이때 아들은 본인의 의사를 아빠에게 구체적으로 명확히 전달할 필요가 있습니다. 그래야 오해를 해결할 수 있겠지요. 가족 관계 속에서도 의사를 명확히 전달하고 대화를 자주 해야만 실타래처럼 꼬여 있는 마음의 끈을 풀어낼 수 있습니다.

부모님과 소통의 어려움

다음은 수정이의 그림입니다. 인형을 조정하고 있는 인물은 아빠이고, 인형으로 표현된 아이는 수정이 자신입니다. 고3이 되자 수정이의 진로에 부모님의 간섭이 심해졌고, 수정이 자신은 점점 아빠가 조종하는 꼭두각시 인형이 되고 있는 것 같은 느낌이라고 합니다.

"이 인형은 아빠가 멈추지 않는 이상 계속해서 움직여야 돼요. 이 인형극에서 벗어나고 싶어요."

이어 수정이는 인형에 매달린 줄이 매우 튼튼하고 질겨서 잘 끊어지지 않을 것 같다고 이야기하였습니다. 스스로는 끊을 힘도, 의지도 부족하다고 설명하며, 아빠의 구속과 참견이 답답하다고 했습니다.

도화지에 나타난 인물 크기의 차이는 작은 상대가 큰 상대에 대해 느끼는 위축감, 억눌림, 권력의 차이를 나타냅니다. 또한 매우 작게 그린 자신의 모습은 아빠 때문에 위축된 자아상의 표현으로 볼 수 있습니다.

아빠의 손과 연결된 줄에 자신의 팔과 다리를 연결하여 자신의

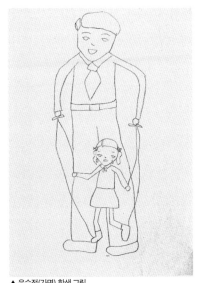

▲ 유수정(가명) 학생 그림

의지로는 아무것도 할 수 없는, 자율성이 결여된 상태임을 표현했습니다. 두 인물에서 동일하게 나타나고 있는 텅 빈 눈은 다른 사람 즉, 아버지에 대한 적개심을 드러내며 억압받고 있는 불안한 상황을 피하고 싶어 하는 마음을 드러냅니다. 또한 아빠의 다리가 몸에 비해 길고 발은 크게 나타나고 있는데 이는 자신을 지배하고 있는 아빠의 모습을 극대화하여 표현한 것으로 해석할 수 있습니다.

자식에게 있어 부모의 존재는 울타리와 같습니다. 부모는 자식이 세상 밖에 나갈 수 있을 때까지 힘을 길러 주고 건강한 의지를 가질 수 있도록 도와주는 존재지요. 그러나 과도한 강요나 권위적인 태도는 민감한 청소년기에 악영향을 미칠 수 있습니다. 청소년들은 이를 사랑과 관심의 표현으로 받아

들이기보다는 자신에 대한 구속이라고 생각하기 쉽습니다. 이는 청소년들이 온전히 자신의 장점을 발견하고 주도적인 삶의 에너지를 발휘하는 데 걸림돌이 될 수 있습니다.

✤ ✤ ✤

설희도 아빠와 관계 때문에 힘들어하고 있습니다. 자신을 아빠에 비해 작게 그린 것으로 보아 현재 아버지라는 존재 때문에 위축되어 억압받고 있는 상태임을 알 수 있습니다. 현재의 불안한 심리 상태를 표현하고 있으며, 의존적인 성향을 나타내고 있습니다. 그림에서 자신을 축 처져 힘없는 모습과 이불 속에 들어가 울고 있는 모습, 이 두 가지로 표현하였습니다. 이불 속 설희의 모습은 마치 무덤 속에 있는 듯한 느낌을 주는데, 이는 현재 아빠 때문에 두려움과 불안함에 둘러싸여 있음을 보여 줍니다. 아빠는 권위적인 모습을 강조하여 표현하였습니다.

▲ 한설희(가명) 학생 그림

222

♰ ♰ ♰

민섭이도 아빠에 대해 그렸습니다. 그림에서 웃고 있는 인물이 아빠, 두 가지 표정을 가진 인물은 본인입니다. 아빠를 웃고 있는 표정으로 그린 것과 달리 자신의 얼굴은 아빠가 보는 쪽은 웃고 있지만 보이지 않는 쪽은 화가 난 모습으로 표현했습니다.

▲ 최민섭(가명) 학생 그림

"화가 난 표정이 제 속마음이에요. 저랑 아빠의 의견이 같지 않을 때에 드는 감정이에요."

민섭이는 이렇게 말합니다.

"아빠는 무엇이든 본인이 좋으면 다 좋다고 생각하세요. 그래서 저는 거부할 수가 없어요."
"한 번이라도 쌓아 둔 마음을 표현하려고 시도해 본 적이 있니?"
"말해 봤자 소용없어요. 아빠는 항상 저에게 쓸데없는 소리 그만하라고 소리치세요."

민섭이는 아빠가 자신에게 소리친다고 설명하였지만 그림에서는 웃는 모습으로 표현하였습니다. 이러한 차이점에 대해서 어떠한 의도인지 물었습니다.

"우리 아빠는 남들에게는 참 친절하고 멋진 분이세요. 유독 저에게만 엄격하고 화를 내시죠. 그림 속 아빠의 모습은 남들이 보았을 때의 기분을 나타내는 거예요."

민섭이는 아빠에 비해 자신을 작게 표현함으로써 위축되어 있는 모습으로 묘사했고, 자신이 느끼는 아빠는 강압적이고 권위적인 모습이라고 설명했습니다. 겉으로는 여유 있는 모습을 하고 있는 듯 보이지만 자신에게는 공격적으로 대하는 아빠에 대한 반항심이 드는 때도 있습니다. 몸 쪽을 향해 딱 붙어 경직되어 있는 팔은 수동적이며 방어적인 태도를 상징합니다. 이는 아빠 앞에서 위축되어 굳어 버리는 심리가 무의식중에 그림을 통해 드러난 것으로 볼 수 있습니다.

아빠에 대한 민섭이의 기억과 감정들이 과연 객관적으로 올바른 것인지 직면시켜 주었습니다. 아빠가 자신을 보고 웃어준 때, 아빠와의 행복했던 추억들에 대하여 이야기를 나누기 시작하니 처음에는 '그런 적 없다.'라고 말하던 민섭이가 하나씩 어린 시절 기억을 이야기합니다.

"아빠와 초등학교 때 눈밭에서 신나게 썰매를 타고 놀았던 기억이 나요.

엄마가 눈 범벅이 되어 돌아온 저를 보고 꾸짖으시려는 것을 아빠가 괜찮다며 막아 주셨죠. 한참 시간을 보낸 후 아빠와 함께 따뜻한 물에 목욕을 하며 깔깔거리던 생각도 나요."

아빠와의 추억을 하나씩 꺼내어 이야기하는 것만으로도 이내 민섭이의 마음을 녹이는 것 같았습니다. 우리가 현재 기억하지 못하는 것일 뿐, 부모와 자식 사이에 행복한 기억이 단 하나도 없는 경우는 거의 없습니다. 청소년기라는 성장 과도기에 서로 마찰이 생기고 한쪽의 의견만을 강요하게 되면서 잊혀 갈 뿐입니다. 예전의 소중한 추억을 꺼내어 보고, 다시 한 번 용기 내어 함께하는 시간을 만들어 보는 것은 부모와 자식 사이의 얼어붙은 관계를 녹이는 데 큰 역할을 할 수 있습니다.

✤ ✤ ✤

다음은 엄마와 갈등을 겪고 있는 지수의 그림입니다. 다른 친구들은 모두 엄마와 관계가 좋아 보이고 때로는 친구처럼 지내는 것 같은데 지수는 그렇지 못하다고 느끼고 있습니다.

"왠지 저는 엄마가 항상 어렵고 불편해요. 고민을 얘기하고 조언도 얻고 싶은데, 항상 바쁘신 것 같아서 대화할 시간도 없고요. 특히 고등학교에 입학하고 나서는 얼굴 보기도 힘들어요. 잠깐 이야기할 기회가 생기더라도, 서로 상처 주는 얘기만 하게 돼요."

지수는 엄마와 이야기를 하고 싶은데 어디에서부터 이야기를 꺼내야 할지 잘 모르겠다고 합니다. 그림에 그린 꽃과 나비처럼 엄마와 자신의 관계가 개선되어 사랑이 넘치게 되길 소망하고 있습니다.

지수는 자신을 나비에, 엄마를 꽃에 비유하였습니다. 꽃은 언제나 한 자리에 그대로 있고 나비는 이동할 수 있는 날개를 갖고 있지요. 모녀 관계가 서먹한 이유가 엄마의 탓이라고 했지만, 사실은 이리저리 날아다니며 정착하

▲ 안지수(가명) 학생 그림

지 못하는 나비, 즉 지수에게도 원인이 있습니다.

지수는 가운데 나비가 금방이라도 빨간 꽃 위에 앉으려고 하는 모습을 표현함으로써 빠른 시일 내에 엄마와의 관계가 나아질 수 있을 것이라는 희망을 간접적으로 드러냈습니다. 활기가 느껴지는 색을 화면 전반에 사용한 것으로 보아 엄마를 원망하면서도 엄마의 사랑을 원하고 있음을 알 수 있습니다. 그림 속 꽃과 나비가 모두 쌍을 이루도록 개수를 정확히 맞추어 그린 것으로 보아, 엄마로부터 심리적인 안정 및 소속감을 얻고 싶어 하는 것이 보입니다.

⚜ ⚜ ⚜

고민이 많아 혼란스러운 시기를 보내는 청소년들은 부모로부터 정서적인 지지를 얻을 수 있기를 원합니다. 비록 또래들과 급격히 친밀해지며 부모와의 관계가 소홀해지기도 하지만, 부모의 끊임없는 정서적인 지지는 불안한 청소년기를 안정적으로 보내는 데 큰 힘이 될 수 있습니다.

수정이나 설희, 민섭이는 모두 권위적인 아빠에 대한 불만과 갈등을 느낀 경우입니다. 자기중심적으로 모든 일을 결정하고 판단하는 아빠의 모습에 화가 나고 참기 힘들 수 있습니다. 간섭당하고 있다는 것도 견디기 어려운 부분일 것입니다. 아빠의 권위적인 사랑법이 옳다고는 할 수 없지만, 그러한 표현 이면에 있는 마음도 생각해 보면 어떨까요. 간섭한다는 것, 자녀의 일에 많이 개입한다는 것도 어떻게 보면 사랑하고 있다는 증거입니다.

권위적이고 강압적인 아빠에게 불만이 있는 경우, 한 번쯤은 아빠의 입장이 되어 생각해 봤으면 합니다. 그냥 '기분 나쁘다.'는 이유로 화가 나서 말하기 싫어지거나 얼굴도 보기 싫어지는 것은 자신의 에너지를 낭비하는 일입니다. 아빠와 갈등이 생기거나 감정 상하는 일이 생긴다면, 반대의 입장에서 생각해 보는 겁니다. 아빠는 어떤 기분이며, 어떤 생각으로 그렇게 하시는 걸까요? 우리가 먼저 마음을 열고 아빠를 이해하기 위해 노력해 보는 건 어떨까요? 아빠가 바뀌기를 바라는 것보다는 오히려 이 방법이 더 마음을 가라앉히는 데 좋을 수 있을지도 모릅니다. 어쩌면 아빠는 우리도 모르게 집에서 외로움과 소외감을 느끼고 계실 수도 있습니다.

부모님과 갈등 상황에서, 무조건적으로 혹은 반사적으로 감정을 내세우기보다는 상대방을 이해하며 헤아려 보는 습관이 필요합니다. 이는 청소년들뿐 아니라 부모도 마찬가지입니다. 자신의 만족을 위해서 자녀들을 움직이고 있는 것은 아닌지, 자녀들을 아직도 어린아이로만 대하고 있지는 않은지 말입니다. 자신의 주관과 의견이 생긴 자녀들을 어린아이로만 바라보며 이전처럼 명령만 하고 있지는 않은지 돌아보며, 가족 구성원들이 서로의 마음을 헤아려 보는 시간을 갖는 것이 중요하리라 여겨집니다.

권위적인 부모 밑에서 자란 아이들이 자신의 의견을 자유롭게 얘기하지 못하는 경우가 종종 있습니다. 어릴 때 부모님께 의견을 말했다가 심한 야단을 맞았거나 심할 경우 폭력을 당했을 때 이런 현상이 나타나곤 합니다. 과거 부모들은 아이들이 말대꾸를 하면 안 된다고 생각했기 때문입니다. 그러나 혼자서 끙끙 앓아서는 안 됩니다. 부모님과의 관계가 더 힘들어지기 때문입니다. 부모님 앞에서 자주 자신의 의견을 이야기하는 것이 가장 좋은 방법입니다. 이를 위해서는 아이들의 이야기에 귀를 기울여 주는 부모님의 열린 마음이 '절대적으로' 필요합니다. 그리하여 관계 형성이 잘 되면 아이들이 자신의 이야기를 잘 설명할 수 있게 될 것이고, 또 부모님들도 자녀들의 마음을 이해하기 쉬워질 것입니다.

아무리 가까운 가족이라고 하더라도, 상대방을 이해하려는 마음 없이 대화도 나누지 않는다면 서로 상처만 주는 관계가 되기 쉽습니다. 가족은 어느 누구보다도 나를 잘 이해해 주리라 생각하기 때문에 막상 남보다도 못한 관계가 된다면, 그 상처가 더 깊이 박혀 오래가게 됩니다. 특히 청소년 자녀를 둔 부모의 경우, 본인이 생각하는 이상에 자녀들을 끼워 맞추려 하지는 않는지, 자녀들의 눈높이에서 함께 생각을 공유하는 노력을 하고 있는지 생각해 봐야겠습니다. 또한 청소년기 자녀들은 부모님께 무조건 본인이 하고 싶은 대로 고집을 피우고 있는 것은 아닌지, 부모님의 조언을 무조건 회피하려고 하는 것은 아닌지 생각해 봐야 할 것입니다.

4

엄마가 암환자에요

"엄마가 아프다고 해요. 정밀 검사를 받아 봤는데 엄마 몸에 검은 것들이 많대요. 정말 암일까요? 설마 큰일이 나는 건 아니겠죠? 너무 무섭고 두려워요."

부모님이 암에 걸리면 나이와 시기에 상관없이 매우 힘든 경험을 하게 됩니다. 한창 예민한 시기의 청소년들은 자신이 의지할 수 있는 대상이 사라진다는 불안감에 더 우울하고 힘들어질 수 있습니다. 자신이 부모님을 힘들게 해서 이런 병에 걸리신 것은 아닌지 자책하기도 합니다.

최근 들어 암환자는 점점 증가하고 있습니다. 특히 엄마가 암에 걸리면 집안일을 많이 못하시기 때문에 가족들 모두 힘든 경우가 많습니다. 엄마는 여러분 못지않게 가족들을 잘 돌볼 수 없다는 생각에 더 마음 아파하실 것입니다. 암은 환자에게 육체적·심리적으로 매우 큰 변화를 일으키는 사건입니다. 환자로 하여금 불치병에 걸렸다는 생각과 죽음의 공포에 휩싸이게 됩니다. 자신이 사회뿐만 아니라 가족에게도 소외된다고 생각하기 시작하며 자신감을 상실하게 됩니다. 이럴 때 환자 옆, 가족들의 역할은 아주 중요합니다.

가족의 암투병으로 인한 심리적 불안

"이 암흑에서 벗어나고 싶어요. 하지만 제 힘으로는 아무것도 할 수 없어 그냥 바라볼 수밖에 없어요. 너무 무섭고 절망적인 기분이에요."

17살 유정이는 엄마를 하트로 형상화했습니다. 이 하트가 녹아내리면 자신이 더 이상 살 수 없을 것이라고 말합니다. 유정이의 그림에서 절망감과 상실감을 느낄 수 있는데요. 전체 면적을 빼곡하게 채운 어두운 색조의 채색과 극명한 색의 대비, 색연필의 거친 압력을 통해 어두움, 슬픔, 두려움의 정서를 강하게 느낄 수 있습니다. 빨강은 생명, 피, 눈물을 상징하고, 검정은 죽음, 두려움을 나타내며, 회색은 자신이 느끼고 있는 우울을 표현합니다. 암으로 어머니를 잃을 수 있다는 생각에 굉장한 불안함과 두려움을 느끼고 있으며, 언젠가는 녹아 없어질 것이라는 절망감이 그림에서 표현되고 있습니다. 빨강의 생명을 진한 검정이 감싸고 있는 것은 죽음의 그림자가 드리운 것을 의미하며, 어머니의 살날이 얼마 남지 않았다는 두려움을 극대화시키고 있습니다. 녹아내려 떨어지는 빨강은 유정이가 흘리는 눈물로, 눈물의 배경을 회색으로 연결시켜 상실감을 나타내고 있습니다. 유정이의 암흑은 엄마가 아픈 것이 두렵고 무서우며 현실 생활도 쉽지 않다는 것을 알려 줍니다. 엄마에게 친구처럼 다가가고, 엄마의 건강을 위해 음식도 만들어 보면서, 지금부터라도 엄마와 즐거운 일들을 많이 만들어 보는 것은 어떨까요.

▲ 민유정(가명) 학생 그림

부모님이 아프다는 사실은 우리를 많이 힘들게 할 수 있습니다. 그리고 그 힘든 마음이 부모님을 더 힘들게 하기도 합니다. 마음에도 없는 이야기를 하며 후회를 하기도 하지요. 그러나 이 과정에서 생명의 존귀함과 강하고 단단한 가족의 사랑을 경험할 수도 있습니다.

가족들은 부모님이 치료를 잘 받으실 수 있도록 밝게 대해 드리는 것이 좋습니다. 서로를 밝게 대하다 보면 부모님의 면역력이 높아져 2차적으로 올 수 있는 우울감도 극복할 수 있습니다. 희망을 가지고 함께 적극적으로 병을 극복해 나가다 보면 반드시 좋은 날이 올 것입니다.

✢ ✢ ✢

19살의 민석이는 엄마가 암이라는 이야기를 들었던 날 밤을 떠올리며 이렇게 말합니다.

"평소 교회에 잘 나가지 않았지만 기도를 해야 엄마의 병이 나을 것만 같아 밤새 교회 앞에서 기도해요. 엄마가 아픈 것이 저의 잘못인 것만 같아 지난날을 뉘우치며 기도해요. 어떤 날은 기도하는 시간이 어떻게 지나갔는지도 모르게 금세 동이 텄고 떠오르는 햇빛이 온몸을 감싸 주는 느낌을 받았어요."

민석이는 그림에서 자신이 가장 힘든 순간에 절대자에게 모든 것을 내려

▲ 장민석(가명) 학생 그림

놓고 기도했던 모습을 직접적으로 드러냅니다. 구체적으로 그리지는 않았지만 연필로 그린 진한 선들로 자신의 간절한 심정을 표현하였습니다. 그림자 같은 자아상은 당시 느꼈던 깊은 슬픔과 불안을 짐작할 수 있게 합니다. 민석이는 심리적 불안을 해소하기 위해 기도하며 대한 불안정한 현실을 표현하고 있습니다. 왠지 엄마가 아픈 것이 자신의 탓인 것만 같습니다.

민석이는 지금 자신의 상실감과 어려움을 기도를 통해 극복하고 있습니다. 자신이 할 수 있는 영역 안에서 최선을 다해 엄마를 위하고 있는 것이지요. 단색으로 그려진 그림을 통해 민석이의 외로움과 쓸쓸함이 느껴집니다. 한편으로는 엄마한테 어린아이처럼 기대고 싶은 마음과 따뜻한 보살핌에 대한 그리움이 가득할 것입니다. 민석이에게 엄마의 빈자리를 채워 줄 수 있는 사람들이 필요한 이유입니다. 다른 가족 구성원의 따뜻한 격려와 위로가 더욱 절실한 때입니다. 가족이 아픈 경우 보호자가 더 힘든 상황이 많습니다. 환자보다 보호자가 더 많은 스트레스를 받을 수 있습니다. 그러나 가족들이 이를 극복하는 모습을 보여 주는 것이 중요합니다.

✢ ✢ ✢

19살 영희는 아픈 엄마의 건강이 좋아지지 않아 너무 힘들다고 이야기합니다.

"건강 상태가 좋아지지 않는 엄마를 보고 있으면, 문득 죽음을 생각하게 돼요. 제가 할 수 있는 건 아무것도 없어요. 다가오는 검은 그림자를 막을 힘조차 남아 있지 않아요. 이런 상상을 하면 안 된다는 것을 알면서도 자꾸만 엄마의 죽음을 생각하게 되고 마음의 준비도 하게 돼 너무 괴로워요."

그림에서 영희는 무덤을 상징하는 땅 속에 누운 어머니를 바라만 볼 뿐 꺼내거나 일으키지 못하고 있습니다. 이는 죽음을 앞둔 엄마의 모습을 표현하는 것입니다. 다가오는 죽음의 그림자 앞에서 어머니에게 아무 도움을 줄 수 없는 것에 슬퍼하며 불안한 상태를 나타내고 있습니다. 전체적으로 검은

▲ 송영희(가명) 학생 그림

색을 사용하여 어두움, 그림자, 죽음을 표현하였습니다.

영희는 엄마가 암 선고를 받은 초기도 아니고 상태가 좋아질 수 있는 것도 아니라는 사실을 받아드려야 되는 상황에 놓여 있습니다. 자신의 두 손으로 엄마를 살려 보고 싶지만 그럴 수 없다는 것을 이미 알고 있습니다. 이제는 아픈 엄마의 옆에서 계속 슬퍼하며 눈물만 흘릴 것이 아니라 조금이라도 더 엄마와 함께하는 시간을 갖는 것이 필요해 보입니다.

5

텅 빈 집에
혼자 있는 게 싫어요

"집에 혼자 있는 게 너무 무서워요."

어릴 때 부모님이 외출하시면 매우 즐거웠습니다. 이상하게 홀가분하고 자유로운 마음까지 들었습니다. 그런데 이것도 가끔 있어야 재미있는 일이지요. 매일 집에 혼자 있으면 외로울 뿐만 아니라 무서운 마음까지 자라나게 됩니다.

요즘은 자녀가 한두 명인 가정이 많습니다. 맞벌이 부모를 둔 아이들은 아무도 없는 집에 들어가 혼자 밥을 먹고, 숙제하고, 학원에 가고, 게임을 합니다. 혼자 있는 시간이 많다 보니 자신의 시간을 통제하기 어려워져 게임중독에 빠지기도 합니다.

홀로 있는 시간의 두려움

경아는 색을 통해 혼자 집에 있을 때 느끼는 감정을 표현하였습니다. 가운데 칠한 빨간색은 내면의 두려움을 의미하고, 검정색 배경은 어두운 집 안을 표현한 것입니다. 경아는 어렸을 때부터 부모님이 맞벌이를 하시고 형제도

▲ 곽경아(가명) 학생 그림

없어 혼자 있는 시간이 많았다고 하면서, 혼자 있을 때는 대낮임에도 불구하고 집이 무섭고 어둡게 느껴지곤 했다는 설명을 덧붙였습니다.

그림 속 선들은 모두 엉켜 있고 한 방향으로 쏟아질 것처럼 표현되어 있습니다. 그림을 통해 경아가 현재 스트레스 상황에 놓여 있음을 알 수 있고, 이를 공격적·방어적으로 대처하고 있음을 알 수 있습니다. 이 상황들을 종합해 볼 때 홀로 집에 남겨졌을 때 엄습하는 불안과 두려움이 장시간 스트레스로 쌓여 있을 가능성이 높습니다.

경아는 가운데 칠한 동그란 부분이 자신의 속마음을 상징한다고 설명하였으나, 다시 검정색으로 덮어 버린 것으로 보아 자신의 마음이 외부에 드러나지 않기를 바라는 자기 방어적인 성향을 엿볼 수 있습니다. 또한 전체적으로 단색을 사용하면서 무채색에 가까운 것으로 볼 때 이 상황을 버틸 수 있는 에너지가 부족한 상태임을 추측할 수 있고, 원치 않는 상황들을 만났을 때 대처하는 능력이 부족하다고 볼 수 있습니다. 이는 자신의 갈등 상황을 적극적으로 해결하고자 하는 노력을 보이기보다 회피하려는 성향이 강함을 의미합니다.

✤ ✤ ✤

채린이 역시 텅 빈 집에 혼자 있을 때 느끼는 감정을 두 가지 색을 이용하여 표현하였습니다. 부모님과 함께 있는 것이 가끔 불편할 때도 있지만 아무도 없을 때에는 불안하고 무섭기도 합니다.

"갑자기 도둑이나 강도가 들어오면 어떻게 할까? 괜히 고민되고, 무서운 마음이 달아나도록 방마다 모든 불들을 켜 둬요."

채린이가 중심을 파란색으로 표현한 것은 자기 자신을 상징합니다. 처음에는 갈색을 이용하여 테두리를 칠하다가 고민에 잠기더니 이내 검정색을 이용하여 갈색 위를 덮어 버렸습니다.

그림의 가운데에는 경직되어 있는 채린이의 내면이 표현되어 있습니다. 보이지 않은 틀을 설정하여 그 바깥으로 이탈하지 않도록 색을 칠한 것은 사회 접촉에 대한 불안이 있을 수 있음을 의미하여, 외부와 상호작용이 잘

2013. 6/2

▲ 양채린(가명) 학생 그림

240

되지 않음을 상징하기도 합니다. 갈색 위에 검정색을 이중으로 칠한 부분은 어둠에 대한 심리적인 무게감을 극대화하기 위한 시도로 보입니다.

자신의 모습을 구체적으로 묘사하지는 않았지만, 바깥 색을 통하여 파란색이 잘 보이도록 한 것은 자신을 드러내고 싶기도 하고 숨기고 싶기도 한 이중적인 마음을 반영합니다. 마음 깊은 곳의 우울한 감정도 느껴집니다.

경아나 채린이처럼 아무도 없는 집에서 혼자 보내야 하는 시간이 많다면 당연히 외롭고 무서운 기분이 들 것입니다. 때로는 이러한 상황이 짜증 나기도 하고, 아무리 기다려도 오지 않는 부모님이 원망스럽기도 합니다. 자유롭게 혼자만의 시간을 보낼 수 있다는 해방감도 잠깐입니다. 다른 친구들은 모두 엄마가 보살펴 주시는 것 같은데, 혼자서 모든 생활을 챙겨야 하는 상황이 비교되면 슬프거나 지칠 때도 있습니다.

그러나 본인이 다른 친구들에 비해 얻을 수 있는 장점이 있다는 것을 생각해 보기 바랍니다. 다른 친구들이 부모님의 간섭에 시달리게 될 때, 오히려 자신의 시간을 주체적으로 계획할 수 있습니다. 하지만 그저 간섭받지 않는 상황을 즐기며 쾌락만 추구하는 것은 스스로에게 독을 주는 것과 같습니다. 오히려 자신의 상황에서 얻을 수 있는 장점을 찾아 발견하고, 그것으로부터 얻을 수 있는 긍정적인 부분을 떠올려 봅니다.

예를 들어 스스로 식사를 챙겨야 하는 경우, 본인이 조금만 관심을 갖는다면 다른 친구들이 하지 못하는 식사 준비도 척척 할 수 있게 됩니다. 또한 자신의 시간을 알아서 계획하고 꾸려 가는 능력에서 남들보다 뛰어난 독립성을 가질 수 있게 됩니다. 주어진 상황에서 본인이 잘 할 수 있는 것을 찾고,

일상의 작은 즐거움을 발견할 수 있다면, 같은 시간이라도 좀 더 긍정적인 태도로 보낼 수 있을 것입니다.

또한 맞벌이를 하는 부모의 경우, 자녀 양육에 있어 가장 중요한 것이 '함께 있는 시간 동안 보여 주는 마음'이라는 것을 기억하길 바랍니다. 평소에 자녀를 챙겨 주기 어렵고 생활 습관을 가르치지 못한다는 생각 때문에 집에 오자마자 아이의 실수를 지적하거나 쏟아지는 피로 때문에 자신도 모르게 짜증을 내며 이야기하게 될 수도 있습니다. 그러나 부모님과 사랑의 교류가 부족한 우리 자녀들에게는 그 시간이 부모님과 소통할 수 있는 유일한 시간입니다. 그때 온 마음을 다해서 사랑의 감정을 표현해 주고, 스스로 잘 보내고 있었던 시간에 대해 작은 것이라도 칭찬하고, 격려해 주는 것이 정말 중요합니다. 그 시간이 아이들이 스스로의 생활을 더욱 잘 계획하고 짜임새 있게 활동하는 데 좋은 밑거름이 될 수 있습니다.

함께 보내지 못한 시간들에 대해 미안해하기보다는 등을 쓰다듬으며, 포옹을 해 주는 등의 스킨십이 훨씬 좋습니다. 자녀가 가진 긍정적인 면을 찾아 격려하며 '나는 널 항상 믿고 있다.'라고 이야기해 주는 것도 좋습니다.

❀ ❀ ❀

기철이의 작품에서도 공허함과 외로움이 드러납니다.

그림에는 3개의 집이 있습니다. 빨간 지붕인 두 집 안에는 사람이 많은 상태인데, 하늘색 지붕의 집에는 한 사람만 존재합니다. 빨간 지붕 집은 즐거운 이야기가 가득하고 노래 소리도 들릴 것만 같습니다. 하늘 지붕 집에는 적막함만 감도는 고요한 분위기입니다.

기철이는 집에 혼자 있는 시간이 많아 외로움을 자주 느낀다는 것을 하늘색 지붕의 집에 살고 있는 인물을 통해 표현했습니다. 집의 대문을 그리지 않고 각 인물들

▲ 박기철(가명) 학생 그림

을 떨어뜨려 분리해 놓은 것은, 가족 구성원들 사이에 정서적인 교류가 이루어지고 있지 않을 가능성을 보여 줍니다.

각 영역을 명확히 구획화시킴으로써 각자의 공간을 침해하지 않고 독립적으로 존재하는 가족의 모습을 상징화하였는데, 이러한 공간의 분리는 구성원들이 정서적 교류가 잘 되지 않고 심리적으로 단절된 상태임을 의미할 수 있습니다. 특히 그림 속 가족들의 얼굴 표정이 생략된 것으로 보아, 현재 가족들이 느끼는 서로에 대한 무관심과 스트레스가 간접적으로 표현되었다고 할 수 있습니다. 또한 지붕을 진한 선으로 채색하여 강조한 것은 외부로부터 집을 견고하게 보호하려는 마음을 드러낸 것으로 보입니다.

채린이, 경아, 기철이의 경우에서 알 수 있는 것은 아이들이 단순히 혼자 있는 시간에 대한 외로움이나 고독뿐만이 아니라 가족들과의 소통이나 외부와의 교류에도 문제가 있다는 것입니다. 한 집안의 분위기는 가족 구성원 사이의 화목, 특히 가정의 핵심인 부부 사이가 얼마나 좋은지에 달려 있습니다. 청소년기 아이들에게 심리적으로 의지하고, 지지받을 수 있는 인물이 있고 없음은 정서적 안정에 매우 큰 차이를 가져다줍니다. 청소년들에게는 자신의 마음을 열고, 지속적으로 깊은 대화를 나눌 상대를 찾는 것이 도움이 될 수 있습니다. 부모님이 바빠서 직접적으로 챙겨 주지 못할 때 차마 친구에게도 털어놓지 못하는 이야기가 있다면, 담임 선생님이나 상담 선생님을 찾아 도움을 요청할 것을 추천합니다.

청소년 시기에는 부모님의 부재와 상관없이 자기가 해야 할 일들을 스스로 계획적으로 실천하는 생활 습관을 길러야 합니다. 책도 보고, 여러분이 좋아하는 운동도 하면서 나름대로 즐거운 시간들을 만들어 가야 합니다. 건강한 방식으로 시간 관리를 하다 보면 독립적인 마음이 길러져, 자신의 생활을 스스로 꾸려갈 수 있는 힘이 생깁니다. 그리고 이러한 에너지는 앞으로 본인이 어려운 일을 만났을 때 다른 사람들이 쉽게 하지 못할 일들도 거뜬히 해낼 수 있는 힘이 되어 줄 것입니다.

6

부모님이 이혼하신 뒤에도
여전히 혼란스러워요

"우리 가족이 왜 떨어져 지내야 하는지 모르겠어요."

이혼 가정의 자녀들이 겪는 심리적 문제는 일반적으로 생각하는 수준보다 더 심각합니다. 자녀들은 이혼이 결정되기까지 부모들의 폭언이나 폭력 또는 미묘한 신경전에 지속적으로 노출되어 있습니다. 이를 지켜보는 자녀에게 커다란 상처를 준다는 면에서 부모의 갈등은 단순히 두 사람 사이의 문제가 아닙니다. 이혼 가정의 자녀들은 엄마와 아빠 사이의 문제가 자신들 때문은 아닌지 이유 없는 죄책감에 시달리기도 하고, 자신이 그러한 갈등 관계를 해결하지 못하는 상황이 반복되면서 좌절감과 상실감을 경험하게 됩니다.

특히 영아에게 부모의 이혼은 불안감과 애착 과정 장애를 가져오고, 미취학 아동에게는 버려지는 것에 대한 두려움 · 다른 사랑에 대한 공격성 증가 · 억압되고 미성숙한 행동 · 식욕 감퇴 · 수면 장애 · 공황 반응 · 성적 저하 · 유기와 거절감 · 일상생활 장애를 가져옵니다. 학령기 아동에게는 부모에 대한 분노 · 외로움 · 부모 권위의 양분을, 청소년기에는 성 개념의 왜곡 · 학업 성적 저하 · 상실감과 회피 · 돌발 행동과 방황의 모습을 보이게 만드는 경우가 많습니다.

부모님의 이혼과 상실감

"부모님이 이혼하시면 문제가 해결될 줄 알았는데, 아직도 저희는 아빠에게 계속 시달려요."

얼마 전 수현이의 부모님은 오랜 갈등 끝에 이혼하셨고, 수현이는 엄마와 함께 지내게 되었다고 합니다. 그러나 부모님의 이혼 후에도 아빠에게 받은 상처와 기억은 가슴 속에 깊이 남아, 혹시나 아빠로부터 연락이 오거나 마주치게 되지는 않을까 걱정되고 여전히 우울감과 두려움에서 벗어날 수 없다고 이야기합니다.

▲ 진수현(가명) 학생 그림

　그림 속에는 여러 가지 교통수단이 등장합니다. 가운데 절규하는 인물 주변으로 비행기, 자동차, 기차, 불도저 등이 돌진해 옵니다. 불안정하여 어디에도 정착하지 못한 수현이의 두려움이 중앙에 있는 인물을 덮치고 있다는 것을 알 수 있습니다. 혼돈을 가져온 것은 그림 가운데 있는 악마인데, 수현이는 이 악마가 자신의 아빠와 닮은 점이 있다고 이야기하였습니다. 가정불화와 아빠에 대한 분노 감정이 그림에 투사되었으며, 날카로운 선들과 강한 붉은 색으로 마음 깊은 곳의 격분을 표현한 것으로 보입니다. 특히 여러 개의 갈림길을 그린 것은 부모의 이혼 과정에서 있었던 스트레스와 혼란, 선택에 대한 갈등 때문인 것으로 짐작할 수 있습니다.

✢ ✢ ✢

다음은 태운이의 이야기입니다.

"지금은 부모님이 이혼하신 상태라 저는 할머니 댁에서 살고 있어요. 엄마 집이랑 아빠 집을 번갈아 가는데요, 이렇게 다녀야 하는 게 너무 싫어요. 왜 우리 가족이 떨어져서 지내야 하는지 이해가 안 되고요. 이런 고민을 하다 보면 끝도 없이 슬퍼져요."

▲ 채태운(가명) 학생 그림

"그럴 때 태운이는 어떻게 마음을 달래니?"

치료사 선생님의 말에 태운이가 대답합니다.

"그냥 맨날 방 속에 처박혀 있고 싶어요. 할머니가 집에 안 계실 때도 있는데요, 그럴 때는 집이 너무 조용해서 세상 속에 저 혼자 있는 느낌이에요."

부모님이 이혼한 상태에서 할머니 집에서 살고 있는 태운이의 현실이 그림 속 집들의 크기를 통해 드러나고 있습니다. 그림 아래쪽에 그려진 것이 할머니와 자신이 사는 집입니다. 자신이 가장 많은 시간을 보내는 곳이자 현재 안식처 역할을 하고 있는 곳이기 때문에 가장 크게 그려졌습니다. 하나만 그리지 않고 엄마의 집과 아빠의 집을 분리, 총 세 채의 집을 그린 것은 엄마와 아빠의 존재 역시 여전히 자신에게 중요한 의미를 지니고 있기 때문입니다. 창문에 비해 대문을 작고 가늘게 표현한 것은 주변 환경과 접촉을 꺼리는 우유부단한 성격을 짐작하게 합니다. 할머니와 사는 집의 굴뚝은 생기와 활기를 상징할 수 있습니다. 불을 많이 지폈다는 증거인 검게 그을린 굴뚝은 할머니와의 상호작용이 근래 가장 많았다는 것을 의미합니다. 엄마와 아빠가 웃는 표정으로 딸을 반기고 있지만 두 집 사이에 큰 나무가 가로막고 있습니다. 또한 자신은 길을 따라 엄마와 아빠 집에 모두 갈 수 있지만 엄마와 아빠는 서로 소통할 길이나 문이 없는 것으로 보아, 부모님 사이의 거리감과 단절을 의식하고 있다는 것도 알 수 있습니다.

✢ ✢ ✢

치현이는 나무를 그려 자신의 심경을 표현했습니다. 처음에는 잘린 나무 둥치를 그렸는데, 그 뒤에 굵게 자라난 나무 기둥을 덧그렸습니다. 굵은 나무는 치현이가 부모님에게 상처 받기 전을 의미한다고 합니다. 이 나무의 뿌리와 줄기는 아주 튼튼해서 아무리 거센 바람에도 쓰러지지 않으며, 그 어떤

▲ 윤치현(가명) 학생 그림

도끼로라도 자를 수 없는 강한 나무라고 합니다. 그러면서 강한 나무가 상처 받기 전의 자신의 모습이길 바란다고 말했습니다. 나무 주변으로 바람이 거칠게 불고 산만한 것은 치현이가 지금 스트레스 상황에 놓여 있다는 것을 보여 줍니다. 나무의 뿌리를 강조한 것 역시 가정 내에서 불안감을 느끼고 있음을 알려 주며, 부모님의 이혼 후 가족들의 정서적 지지가 필요한 상황임을 의미합니다. 잘려진 나무를 연장시켜 잘리기 전의 모습으로 표현한 것은 안정적이고 밝은 자기의 모습으로 다시 돌아가고 싶은 회복의 의지라고 볼 수 있습니다.

❈ ❈ ❈

이혼 이후에는 직접적인 갈등 상황에 노출되지 않더라도, 생활에서 상실감을 느끼거나 보살핌의 욕구가 채워지지 않아 정서적인 문제가 생기기 쉽습니다. 이러한 상황에 놓인 청소년들에게 중요한 것은, 부모의 이혼이 자신 때문이 아니라는 것을 알게 하는 것입니다. 자신의 삶과 부모의 삶이 엄연히 분리되어 있음을 기억하고, 부모의 이혼을 자신의 삶과 구분지어 생각해야 할 것입니다.

부모님은
형만 좋아해요

"저만 다리 밑에서 주워 왔나 봐요."

형제는 항상 경쟁합니다. 생김새가 같은 쌍둥이들조차도 성격, 부모님의 사랑, 성적 때문에 경쟁합니다. 좋은 형제는 놀이친구, 선생님, 동료, 보호자 등 세상에서 가장 특별한 관계가 될 수 있지만, 어떨 때는 적이나 경쟁자가 되기도 하여 서로에게 스트레스를 주는 경우도 있습니다. 형제와 자매의 관계는 첫 번째 사회적 관계로 작은 사회생활이나 마찬가지이며 그 안에서 양보하고 타협하고 협동하는 방법을 배우게 됩니다.

부모들은 골고루 사랑을 준다고 생각하지만 형제들은 그렇게 생각하지 않을 수 있습니다. 저에게도 아들 형제가 있습니다. 동생은 제가 형을 더 좋아한다고 하고, 형은 동생을 더 좋아한다고 얘기합니다. 가끔 부모들도 기질이 잘 맞는 아이와 더 친해 보이기도 합니다. 그러나 그것은 형제를 차별하는 것과는 다른 것입니다. 부모는 특별히 한 사람만 사랑하고 편드는 것이 아니라는 것을 알아야 합니다.

부모의 편애로 인한 분노

민지는 엄마가 항상 오빠에게만 잘해 준다고 이야기합니다. 어린 시절부터 그런 부분들이 항상 불만이었고, 자신도 같은 자식인데 오빠에게만 잘해 주는 엄마가 원망스러웠습니다. 가끔 할머니 댁에 가도 아들이라는 이유로 오빠만 챙겨 주시는 것 같아 여자로 태어난 것이 불만스러울 때도 있습니다.

화면 오른쪽을 보면, 화가 난 민지의 얼굴은 옆모습, 몸통은 정면으로 그려져 있습니다. 이는 무엇인가 잘 되고 있지 않음을 상징하는 것으로 부모님에 대한 불만을 표현한 것입니다. 또한 현재 상황을 해결할 수 없어 회피하고 싶은 심리도 보입니다.

민지는 의식적으로 분노를 억제하고 있는 것으로 보입니다. 또한 엄마와 오빠의 표정과는 대조적으로 자신의 눈과 입이 위로 올라가 있는 것처럼 그

▲ 김민지(가명) 학생 그림

린 것은, 자신을 차별 대우하는 엄마와 오빠에 대한 공격성과 분노감을 표현하는 것입니다. 어머니와 오빠 사이에서 심리적인 거리감을 느끼고 있으며, 그 불만과 억제되어 있는 분노감을 그림으로 표현하고 있습니다.

⚜ ⚜ ⚜

수현이는 어렸을 때부터 항상 부모님이 자신보다는 동생을 챙겨 주었고, 누나라는 이유로 양보할 것을 강요받았습니다. 책임감 때문에 쉽게 동생에게 화를 낼 수도 없고 무조건 참아야 했었는데요, 언제까지 누나라는 이름으

로 양보만 해야 하는 것인지 억울합니다. 부모님이 자신을 정말로 사랑하고 있는지 의문이 듭니다. 동생에게만 먹을 것을 챙겨 주시는 부모님께 크게 섭섭함을 느꼈던 상황을 그림으로 표현하였습니다.

 수현이는 부모님을 동생 옆에 밀착해 그렸고, 자신은 그 반대쪽에 배치했습니다. 그림에 나타난 인물들이 모두 옆모습인 것과 앉아 있는 자세로 보아 수현이가 이 상황을 피하고 싶어 하는 것을 알 수 있습니다. 인물의 입을 크게 벌려 강조함으로써 편애의 부당함을 무의식적으로 표현하고 있고, 가족들이 서로 말로 공격을 주고받는 모습도 보입니다. 도화지 중앙에 그린 뾰족한 선으로 자신이 느끼는 섭섭함과 공격성을 강하게 드러내고 있으며, 무조건 양보해야만 하는 상황에 대한 불만과 부모님에 대한 거리감이 선을 통한 공간 분리로 강렬하게 드러나고 있습니다.

민지와 수현이는 부모님이 다른 형제와 본인들을 차별하고 있다는 사실에 상처를 받고 있습니다. 흥미로운 것은 민지는 둘째이기 때문에, 수현이는 첫째이기 때문에 차별받고 있다고 생각한다는 것입니다. 이 두 명의 사례만 보아도 완벽히 부모님에게 사랑만 받는 자식은 없습니다. 그럼에도 불구하고 부모님이 보살펴 주시거나 챙겨 주시는 정도에 차이를 느끼게 됩니다. 어린아이가 아니기 때문에 울면서 떼를 쓸 수도 없으니, 서운한 마음을 표현하기도 어려울 것입니다. 그러나 단순히 속상한 마음을 마음속에 꾹 담아 두거나 짜증만 내는 것은 건강하지 못한 방법입니다.

⚜ ⚜ ⚜

열 손가락 깨물어 아프지 않은 손가락이 없다고 합니다. 너무 당연한 이야기이지만, 여러분 모두가 부모님에게 소중한 존재입니다. 부모님이 첫째에게 바라는 기대감과 책임감이 클 경우에, 혹은 막내로서 기대하는 부분이 다른 경우에 우리는 '차별'이라고 느낄 수 있습니다. 부모님께 자신의 진솔한 마음을 전달할 시간을 가져 보는 것은 어떨까요. 서로의 진심을 확인하는 시간이 반드시 필요할 것 같습니다. 물론 처음에는 부모님께서 이러한 이야기에 당황하시거나 무시해 버리실 수도 있습니다. 그러나 그렇다고 해서 화를 내기보다는 오히려 담담하게 자신의 마음을 설명한다면, 부모님께서도 미처 알지 못했던 마음들을 알게 되실 것입니다. 어떠한 부분에서 차별이라는 생각이 들었는지, 그때 본인의 마음은 어땠는지 조용히 이야기해 보며 부모님께 서운한 마음을 전달하는 방법을 찾아보길 바랍니다. 말로 꺼내기 힘든 경우라면 종이 한 장을 꺼내 차분히 편지를 써 나가는 것도 괜찮은 해결책이 될 수 있습니다.

부모 이상으로 좋은 치료자는 없습니다. 부모님은 자녀들이 청소년기의 불안과 동요를 잘 넘기게 된다면 웬만한 바람에도 끄떡없는 튼튼한 나무를 닮은 성인으로 자랄 수 있다는 것을 기억하면 좋겠습니다. 자녀가 부모의 거울이라는 것을 잊지 말고 마음을 열어 대화하길 바랍니다.

8

우리 엄마도
한국 사람이면 좋겠어요

"야 너 외국인 아냐? 영어 해 봐."

　재인이가 학교에 다니면서 가장 많이 듣는 이야기입니다. 학교 친구들은 단지 얼굴 생김새가 다르다는 이유로, 재인이가 외국인이라며 짓궂게 놀립니다. 다른 친구들과 학교 밖에서 활동을 할 때에도 어른들이 재인이만 유독 뚫어져라 보면서, 한국어로 친구들과 이야기를 나누는 모습에 신기해합니다.

　우리 사회가 다인종·다문화 사회로 변화해 가면서 전체 학생의 수는 매년 20만 명씩 감소하는 반면, 다문화 가정의 학생 수는 매년 6천 명 이상씩 증가하고 있습니다. 그러나 다문화 가정의 아이들은 가정환경, 문화적 차이, 인종 차이 등으로 인해 현실에 적응하는 데 어려움을 겪고 있으며, 특히 한국인이 아닌 부모의 입장을 받아들이고 이해하는 것이 너무 힘들다고 말합니다.

이는 단지 가정 안의 문제만이 아니라 사회문제로 확대될 수 있기에 가까운 주변에서부터 적극적으로 도움을 주는 것이 필요합니다.

다문화 가정

연우의 엄마는 필리핀 출신입니다. 연우는 엄마와 아빠가 도둑에게 잡혀 있는 모습을 그렸습니다. 왼쪽 감옥과도 같은 곳에는 뾰족한 치아를 드러내며 위협을 가하는 도둑이 그려져 있는데, 어머니와 아버지가 어떻게든 벗어나려고 저항해 보지만 이 상황에서 풀려나기는 쉽지 않아 보입니다. 나무 아래에 양팔을 높이 올리고 있는 것은 경찰로봇인데, 연우는 이 '경찰로봇'만 있으면 모든 문제가 해결된다고 생각하고 있습니다.

연우는 자신의 가족을 소외되고 힘없는 모습으로 그렸습니다. 상황을 바꿔 보려 열심히 노력하고는 있지만, 문제를 해결하기에는 부족해 보입니다. 반면 연우는 '경찰로봇'을 통해 자신이 가족들과 분리되어 사회에서 두각을 드러내는 강한 힘을 가지고 싶다는 욕구도 표현하였습니다.

▲ 주연우(가명) 학생 그림

✤ ✤ ✤

　　다음은 중국인 부모님을 둔 래현이의 작품입니다. 래현이의 그림에서는 불에 타고 있는 건물이 주제입니다. 불이 붙어 건물 전체가 붉게 타오르고 있는데, 소방차와 구급차가 왔음에도 불구하고 가족들은 모두 죽었다고 이야기했습니다. 하늘에는 화재 때문에 먹구름이 가득 끼어 있고, 화재를 진압하기 위해 물을 상징하는 파란색이 투입되었으나, 화면을 전반적으로 압도하는 붉은색을 이기기에는 힘겨워 보입니다. 래현이는 부모님은 모두 죽었지만 자신만 유일하게 살아남았다고 이야기하였고, 친구들이 오길 바라는

▲ 왕래현(가명) 학생 그림

상황이라고 설명하였습니다.

　이를 통해 래현이가 자신에게 혼란만 주는 초라한 가족의 모습을 부정하며, 받아들이려 하지 않고 있으며, 자신을 또래 친구들과 동일시하고 싶은 욕구를 가지고 있다는 것을 알 수 있습니다.

✤ ✤ ✤

　지호의 부모님은 일본에서 오셨습니다. 가족에 대한 그림을 그리라고 하자, 화면 가득 초록색의 둥근 나무를 그려 넣었습니다.

"친구들이 가끔씩 저를 이상하게 쳐다보는 것 같은 느낌을 받아요. 저보고 독특하다고 하고 저한테 엉뚱한 면이 있다며 신기해하기도 하는데, 막상 친한 친구로 지내는 것은 꺼리는 느낌이에요."

"저도 가끔씩은 제가 어느 나라 사람인지 모르겠어요. 한일전 경기가 있을 때는 '너희 나라로 돌아가!'라며 놀리는 애들도 있거든요. 저는 한국 사람이라고 생각하는데 제가 진짜 한국 사람이 될 순 없는 건지 속상해요."

그림에서 지호가 '나무'라고 말한 부분 중앙에는 사람이 있는 것으로 보입니다. 그 주변에 올챙이 형상으로 그려진 부분이 정자를 연상시켜, 나무

▲ 박지호(가명) 학생 그림

위에서 인간이 처음 탄생되고 있는 것처럼 보입니다.

특징적인 부분은 화면 왼쪽 아래에 회색빛으로 그려진 개미 두 마리입니다. 두 마리의 더듬이가 각각 위아래로 위치해 서로 다른 부분을 바라보고 있지만 정확히 어떤 부분을 향해 가는지 구분할 수 없습니다. 나무를 상징하는 그림과는 전혀 관계성이 없어 보이며, 어떠한 도움도 주고받고 있지 않는 듯한 모습입니다. 이는 부모를 비롯한 주변의 인물들 누구도 지호에게 도움을 줄 수 없는 상황임을 보여 줍니다. 태초의 인간을 표현한 것으로 보아 지호가 '나는 누구인가?'와 같은 고민을 많이 하고 있는 것으로 추측됩니다. 이는 자신의 정체성에 대한 혼란을 인식하고 스스로에 대해 고민하는 내면의 갈등을 나타냅니다.

⚜ ⚜ ⚜

다문화 가정의 자녀들은 다른 아이들에 비해 우울 및 불안 수준이 다소 높습니다. 특히 외국인 어머니가 한국 사회에서 적응하는 데 어려움을 겪고 있다거나, 자신을 향한 시선들이 부담스럽게 다가오는 경우에 더욱 그렇습니다. 또한 친구들과의 관계가 어렵거나, 학교 수업에 적응하기 어려운 경우, 문화적인 차이로 인해 어려운 경우에도 그렇습니다. 더욱이 사춘기 청소년들은 또래 친구들과 다른 외모를 가지고 있고, 이중 언어를 사용하는 것에 혼란스러움과 소외감을 느끼기도 합니다. 이 때문에 또래 관계 형성에 어려움을 겪기도 하죠.

이러한 상황에서는 주변인들의 관심과 배려가 중요합니다. 또래 친구들은 다양성을 인정하고 함께 어울리고자 하는 마음을 가지고, 여러 가지 문화를 존중하고 수용하는 학습이 필요합니다. 또한 다문화 가정의 자녀들은 본인과 가족들이 다른 사람들과 차이가 있다는 것을 인정하면서 있는 그대로 받아들이는 마음을 기르는 것이 필요합니다. 더불어 다른 사람들에게는 없는 자신과 가족이 가진 장점을 찾아 긍정적인 자세로 능력을 개발할 것을 추천합니다.

프 레 데 릭   모 건
〈링가링가 로즈 오!〉, 1885

명화로 내 마음
어루만지기

프레데릭 모건Frederick Morgan, 1847~1927의 그림을 봅시다. 포근한 햇살이 내리쬐는 들판에서 아이들이 손에 손을 잡고 둥글게 돌며 놀이를 하고 있습니다. 평화로운 광경 뒤로 일하는 중인 것처럼 보이는 여인이 허리춤에 손을 얹고 이 모습을 사랑스럽게 쳐다보고 있네요. 아이들 주변으로는 강아지도 함께하고 싶은 표정인 듯 신나게 뛰며 돌고 있습니다.

아주 어린 꼬마 숙녀부터 큰언니로 보이는 인물까지 비슷한 옷차림으로 보아 남매와 자매가 뒤섞여 함께 놀고 있는 것으로 보입니다. 가운데에 있는 과실나무 사이로 둥글게 뛰어노는 아이들은 어느 한 명도 떨어지지 않도록 양손을 꽉 잡고서 신난 표정으로 어울리고 있습니다.

가족이란 이런 것이 아닐까요? 내 마음이 가장 편하게 쉴 수 있는 작은 울타리이자, 그 어떤 어려운 환경에서도 나의 손을 놓지 않을 존재. 그러나 이러한 관계를 만들고 유지하기 위해서는 가족 구성원들의 노력이 필수적입니다. 다른 사람들보다 편하게 생각하기 때문에 사소한 부분에서 더 큰 상처를 줄 수도 있습니다. 편하게 생각한다는 것은 상대방에게 자신이 하고 싶은 대로 행동하거나 말하는 것을 의미하지 않습니다. 상대방을 배려하는 마음을 바탕으로 본인의 이야기를 마음껏 전달하거나 행동할 수 있다는 것을 뜻합니다.

많은 가족들이 서로 갈등하며 정서적인 어려움을 겪고 있다고 합니다. 어느 누구보다도 편한 관계가 되어주고, 가장 힘들고 어려울 때에 손을 잡아 주며, 힘을 낼 수 있도록 만들어 주는 사람. 그러한 존재가 바로 가족인데 말입니다. '내 편한 대로 하는 존재'가 아니라, '나를 이해받고 상대를 이해할 수 있는 가장 가까운 존재'가 되어야 하겠습니다.

제5장

참을 수 없는 유혹

"기억하라. 생각하는 대로 살지 않으면 사는 대로 생각하게 된다."
-폴 부르제Paul Bourget

르네 마그리트
〈연인〉, 1928

명화로 내 마음
들 여 다 보 기

르네 마그리트^{René Magritte, 1898~1967}의 〈연인〉을 보면 두 남녀가 주인공입니다. 분명 입맞춤을 하고 있는데, 이상하게도 두 사람 모두 보자기를 뒤집어 쓰고 있습니다. 보자기 속에서는 어떤 표정을 하고 있을까요? 이들은 어떻게 생긴 사람들일까요? 아무것도 보지 못한 상태로 입맞춤을 하면서, 온전히 서로에게만 집중하고 있는 것일까요? 아니면, 두 사람이 연인 상태를 유지하면서도 서로에게 갑갑함을 느끼고 있는 상태를 표현한 것일까요?

이 그림에 나타난 보자기는 서로를 더 진솔하게 만들기도 하고, 더 무책임하게 만들기도 합니다. 쉽게 말해서, 우리를 드러내지 않고 아무도 모르게 선행을 베푸는 것이 아름다운 세상을 만들기도 하지만, 인터넷에서 익명으로 무차별적인 공격을 하는 행위가 더욱더 폭력적인 세상을 만들기도 하는 것과 같습니다.

익명으로 활동하는 것이 과연 우리를 더 아름답게 만들고 있을까요? 아니면 더 무시무시한 세상을 만들고 있는 걸까요? 오늘날 주로 인터넷과 휴대폰으로 세상과 소통하게 되면서 청소년들이 이를 통해 자신의 본능과 충동을 해결하기도 합니다. 본능과 충동은 급격한 정서적 변화를 경험하는 청소년 시기에 찾아올 수 있는 당연한 것들이지만, 이러한 성향들이 바람직하지 않은 방향으로 해결이 되는 것은 옳지 않습니다. 성숙한 성인이 되기 위한 준비 단계인 청소년기에는 자신의 감정들을 건전한 방법으로 해결하는 방식을 익히고 실천하는 데 노력을 다해야 합니다. 자신이 가진 감정을 솔직하게 인정하고, 이를 해결하기 위한 방법이 자신뿐만 아니라 다른 사람을 위해서도 적절한 것인지 몇 번이고 생각해 보아야 할 것입니다.

게임만 하고 싶어요

"하루 종일 게임 생각만 나요."

　가끔 아이들이 저에게 프로게이머에 대한 이야기를 해 줄 때가 있습니다. 사진도 보여 주고 프로게이머에 얽힌 이런저런 에피소드들을 들려 줍니다. 중요한 게임이 있는 시간에는 컴퓨터와 텔레비전 앞에 앉아 있는다고 합니다. 그런데 문제는 게임을 시작하면 좀처럼 멈출 수 없고 폭력적인 장면이 너무 많다는 것입니다. 컴퓨터 앞에서 혼자만의 시간을 보내는 것이 습관으로 굳어지면, 이것이 바로 게임중독으로 가는 지름길입니다. 게임중독이 되면 점점 자기조절 능력이나 통제력을 잃게 됩니다.

게임중독이 되면 먼저 시간 감각이 없어집니다. 가상공간의 세계에 빠져 실내에서 게임만 하다 보면 낮과 밤의 구분이 모호해지고, 시간을 조절하는 능력이 떨어집니다. 특히 청소년의 경우 학업 능력이 떨어지며 등교를 거부하는 증상까지 보이게 되는데, 이로 인해 가족과 갈등 상황이 생기기도 하며, 말과 행동이 폭력적으로 변하게 됩니다.

게임 시작 후 처음 얼마간은 도파민 신경계가 자극을 받아 일종의 쾌감을 얻게 됩니다. 그러나 습관적으로 게임을 하게 되면 뇌 기능 저하로 인해 도파민 분비가 원활하지 못하게 되는데, 이는 즐거움을 느끼기보다는 습관적으로 게임을 하도록 뇌 신경회로가 굳어졌기 때문입니다. 일본의 모리 아키오森昭雄는 장기간 게임을 한 사람의 뇌파가 중증 치매 환자의 뇌파와 흡사하다고 보고하기도 하였습니다.

게임을 무절제하게 즐기는 청소년은 주의가 산만해지고, 감정 조절이 서투르며, 폭력적이고, 창의성이 결여된 성인으로 성장할 가능성이 높습니다. 자신이 재미있어하는 것을 즐기는 것은 좋지만, 그 대상이 무엇이든 일상생활이 흐트러질 정도로 중독되는 것은 미래의 자신에게 독을 먹이고 있는 것과 같습니다. 본인이 해야 할 일과 하고 싶은 일에 대해 분명히 알고, 정해진 시간 내에서 적절하게 즐길 수 있도록 노력해야 하는 이유입니다.

게임중독

"재현이가 제일 좋아하는 것은 뭐니?"
질문을 하자마자 답이 튀어나옵니다.

"게임이요. 저는 며칠 밤을 새서라도 게임만 하며 살 수 있어요. 학교에 가지 않고 하루 종일 하라고 해도 할 수 있을 것 같아요."
"게임 말고 다른 것은?"

질문하자 침묵이 흐릅니다.

"모르겠어요."

대화를 통해 '게임'이라는 주제에만 몰입해 있는 재현이의 현재 상태가 나타납니다. 재현이가 가장 행복한 순간을 그림으로 그려 보자는 제안에 순식간에 작은 캐릭터들을 그려 넣습니다. 재현이는 게임 화면 속에서 만나는 세상의 이야기를 표현했습니다. 자신을 하나의 캐릭터로 나타냈으며 게임 속의 귀신, 감각이 없는 사람을 때리는 장면, 싫은 사람을 나무에 묶어서 활을 쏘는 장면 등을 한 공간에 그렸습니다. 그림의 아래쪽에 있는 입이 큰 괴물은 재현이가 싫어하는 사람을 먹어 치우는 역할을 한다고 합니다.

재현이의 그림을 보면, 인물들이 각각 산만하게 분산되어 있는 것을 알 수

▲ 조재현(가명) 학생 그림

있습니다. 재현이는 자신을 모든 상황을 조정할 수 있는 인물로 그렸는데, 실제로 현실에서는 이러한 통제력이 발휘되지 않아 스트레스를 받을 수 있습니다.

"제가 싫어하는 사람들을 게임에서처럼 먹어 치워 없애 버리고 싶어요."

재현이는 현재 자신의 모습과 자신이 원하는 모습 사이에서 어려움을 겪고 있으며, 다른 사람들과 소통하는 능력이 부족한 것으로 보입니다.

✤ ✤ ✤

"선생님, 저는 게임중독인 것 같아요."

우재는 자신이 게임중독이라는 것을 인식하고 있습니다. 학교에서 친구들과 어울리는 데 어려움을 겪으면서 점점 더 게임에 빠져들게 되었고, 그로 인해 친구들과 어울리는 시간은 더욱 줄어들었습니다. 그뿐만 아니라 현실에 잘 적응하지 못하고 정서적으로도 불안정하여 감정이나 행동을 스스로 통제하지 못합니다. 이러한 이유로 그림이 주제가 강하고 경직된 필압으

▲ 강우재(가명) 학생 그림

276

로 표현되었으며 긴장되고 공격적인 심리 상태를 보여 줍니다. 또한 자유롭게 그리도록 제시했는데도, 게임과 관련된 내용을 표현한 것으로 보아 우재의 관심이 온통 여기 집중되어 있음을 알 수 있습니다. 그림 속 무기들의 가격이나 종류를 단계별로 구체적으로 묘사하고, 실제 게임 속 캐릭터가 된 듯한 표현을 사용하여 자신과 작품 속 캐릭터를 구분 짓지 못하는 모습을 보였습니다. 평소 우재는 과격한 행동과 통제되지 않는 감정 표현 때문에 또래 관계가 원만하지 않았습니다. 게임 중독 때문에 스스로 자기 일을 찾아서 하는 능력이 부족하고 소통이 단절되는 모습도 보였습니다.

게임을 하다 보면 5분만 더, 한 판만 더 하다가 몇 시간이 훌쩍 지나가게 됩니다. 그렇게 오랜 시간 게임을 하며 밤을 새기도 하고, 많은 돈과 에너지를 쓰게 됩니다. 우리는 누가 알려 주지 않고 가르쳐 주지 않아도 누구나 자신이 좋아하는 것, 사랑하는 것에 집중하게 됩니다. 그러나 본인이 지금 가장 사랑하고 있는 대상이 과연 건강한 것인지 다시 들여다볼 필요가 있습니다. 이미 스스로를 객관적으로 바라볼 수 있는 시각을 잃어버렸다면, 자신을 제일 잘 알고 사랑하는 부모님이나 친구에게 도움을 요청해야만 합니다. 타인을 통하여 '나'를 객관화시킨다는 것을 단순히 부모님의 잔소리를 듣는 정도로 생각해서는 안 됩니다.

❖ ❖ ❖

게임에 집중하는 것이 우리에게 어떤 결과를 가져오게 될까요? 물론 멋진 프로게이머가 되는 것을 상상할 수 있겠죠. 그러나 '게임'처럼 과도하게 빠져들 수 있는 위험을 가진 것들은 청소년 시기의 올바른 성장을 방해할 수 있습니다. 한자리에 그대로 앉아 몇 시간이 가도록 자신이 해야 할 일을 잊은 채 밥도 굶어 가며 밤을 꼬박 새는 학생들. 게임은 우리의 눈앞에 놓여 있는 좀 더 귀중하고 아름다운 것들을 가려 버릴지도 모릅니다. 또한 게임을 못하게 되는 상황일 때 짜증, 불쾌감, 불안감을 느끼게 되고 게임 때문에 가족이나 친구 등 주위 사람들과 갈등이 생기기도 합니다. 흥미로운 게임을 하게 되면 재미를 느낄 수 있지만, 오랜 시간 게임에만 집중하는 것은 자신에게 독이 된다는 사실을 잊지 말아야 합니다. 재현이처럼 실제 친구들이나 다른 사람들과 관계에서 어려움을 느끼는 학생들이 게임에 몰두하게 되면 문제는 더욱 악화됩니다.

게임 중독에서 벗어나고 싶은 사람들에게 가장 필요한 것은 극복하고자 하는 의지입니다. 일단 밖으로 나가 산책을 하든지, 자전거를 타든지 하는 가벼운 운동을 정해 두고 계획적으로 시작해 볼 것을 권유합니다. 또한 교회나 성당, 동아리 활동 등 다른 사람들과 어울리는 기회를 만들어 참여해 보는 것도 좋은 방법입니다.

게임 중독으로 의심되는 자녀를 둔 부모가 반드시 알아야 할 것은, 자녀가 게임에 빠지게 된 분명한 이유가 있다는 것입니다. 자녀가 현실에 눈을 감고 게임에만 몰입해 있는 이유가 무엇일까 생각해 보고 '애정과 사랑'이라는 귀중한 자양분을 쏟아 주는 것은 어떨까요? 과도한 결핍은 과도한 집착을 낳게 됩니다. 자녀가 원하고 있는 내면의 '진짜' 목소리에 귀 기울여야 합니다. 게임을 자주 하는 이유는, 현실의 문제에서 도망치기 위한 것일 수도 있고, 본인이 원하는 욕구가 충족되지 않았기 때문일 수도 있기 때문입니다. 자녀를 감정적으로 나무라기보다는 신뢰감을 갖고 대화하도록 노력하며, 진솔한 대화 시간을 늘리고 긍정적인 관심을 보여 주는 것이 자녀를 게임 중독에서 조금씩 벗어나게 하는 데 도움이 될 수 있습니다.

2
스타가 되고 싶어요

"항상 주목받고 싶어요."

"누구나 저를 알아보게 될 거예요."

저도 청소년 때 유명한 가수의 노래를 부르고, 연예인 사진을 사고, 친구들과 콘서트에 가기도 했답니다. 손으로 쓴 팬레터를 라디오 방송국에 보내 좋아하는 가수의 음악을 신청하기도 했습니다. 그러나 요즘과 달리 연예인을 동경하면서도, 연예인이 되겠다는 꿈은 너무 멀게 느껴지던 시대였습니다.

요즘 주변을 보면, 스타가 되고 싶어 하는 청소년들이 많습니다. 과거와는 달리 각종 오디션 프로그램들이 일반인이 스타가 되는 길을 더욱 쉽게 열어 주고 있습니다.

스타는 멋있어 보입니다. 좋은 옷을 입고, 예쁘게 치장하고, 많은 사람들의 사랑을 받습니다. 어떻게 보면 스타가 되고 싶은 마음이 드는 것은 심리적으로 다른 사람에게 주목받고 싶은 마음이 강하게 작용했기 때문입니다. 스타가 되고 싶다면 먼저 자기 자신을 살펴보는 것이 좋습니다. 돈을 많이 벌고 싶기 때문인지, 단순히 멋지게 보이고 싶기 때문인지 말입니다. 또한, 자신이 정말 재능을 가지고 있는지, 힘든 연습과 훈련을 잘 견딜 수 있을지도 생각해 보아야 합니다.

지금 우리가 보는 화려한 모습이 연예인의 전부가 아닙니다. 그들은 스타가 되기 위해 엄청난 어려움과 시련을 극복해 왔습니다. 노력 없이 하루아침에 뜨기도 힘들 뿐더러, 만약 그렇게 유명해지더라도 그 인기는 금방 사라질 가능성이 높습니다.

프로이트S. Freud의 정신분석 이론 중 '동일시同一視'라는 것이 이러한 현상을 설명하는 바탕이 되기도 하는데, 이것은 자기가 좋아하고 존경하는 대상과 자기 자신 또는 그 외의 대상을 같은 것으로 인식하는 것을 말합니다. 10대들이 스타에 열광하는 것이나 어린 꼬마들이 만화 주인공 흉내를 내는 것등이 동일시의 예입니다.

주목받고 싶은 욕구

"선생님, 슈퍼스타K 아세요?"

"응, 슈퍼스타K에 나간 모습을 그린거니?"

"네. 가운데 있는 사람이 전데요, 최종 우승을 한 모습이에요."

지윤이는 요즘 한참 TV 오디션 프로그램에 관심이 많습니다. 평범한 사람들이 노래를 통해 하루아침에 스타가 되고, 값비싼 옷과 가방을 드는 모습을 보면 굉장히 부럽다고 합니다.

▲ 양지윤(가명) 학생 그림

평소 지윤이는 내성적이고 남 앞에 나서기를 싫어하며, 혼자 있는 시간에는 주로 조용하게 노래를 듣거나 부르면서 지내곤 합니다. 학교에 갈 때에도, 쉬는 시간에도, 집에서도, 어떤 장소든 관계없이 음악을 듣는 것을 좋아합니다.

"지윤이는 음악 듣는 것이 왜 좋으니?"
"음악이 저를 위로해 주는 것 같아요. 음악을 들으면 걱정과 소란스러운 마음들이 잠잠해져요."

어떤 것이 지윤이의 마음을 괴롭히고 있는지, 무엇을 위로받고 싶은지에 대해서는 바로 물어보지 않았습니다. 지윤이가 음악을 즐기는 것을 우선 인정하고 흥미로운 일이라고 말해 주면서 관심을 보였습니다. 지윤이는 곧 조용한 목소리로 한마디 한마디 이어 갑니다.

"인정받고 싶어요."
"인정? 누구에게 어떤 사람이 되고 싶은지 궁금하구나."

지윤이는 자신이 좋아하는 노래를 통해 남에게, 특히 부모님에게 인정받는 딸이 되고 싶다고 했습니다. 그림을 그리는 내내 끊임없이 '인정'이라는 단어를 사용하며 설명을 덧붙였습니다. 아직 작은 목소리를 내며 흥얼거리는 것이 다지만 조금 더 큰 목소리를 내고 싶어 하는 것 같았습니다. 남들 앞에서 스타가 되는 것이 꿈이라고 표현하였지만, 그 이전에 부모님의 사랑과 인정을 원하고 있음을 알 수 있습니다.

자녀들이 끊임없이 부모에 대한 관심과 인정을 원하는 이유가 무엇일까요? 자녀의 신체가 성장할수록 부모들은 작은 착각에 빠지게 됩니다. 자녀가 다 큰 것 같다고 생각하며 아직 남아 있는 아기 같은 마음을 잘 보듬지 못하는 것이죠. 아이들은 스스로 성장하기 위한 과정을 거치고 있을 뿐이므로 여전히 부모의 도움을 원하고 바라고 있다는 사실을 잊지 말아야 합니다.

지윤이가 그린 그림 속 인물은 어떠한 동작도 취하지 않은 채 양팔을 몸쪽에 붙이고 있습니다. 이는 지윤이가 외부와의 소통과 교류에 대하여 부담감을 가지고 있을 수 있으며, 융통성이 다소 부족하고 경직된 성향을 가지고 있음을 짐작하게 합니다. 특히 자신을 둘러싼 별을 강하게 칠한 것은, 지윤이의 설명처럼 주변으로부터 인정받기를 원하며 주목받고 싶은 욕구가 강한 것으로 해석할 수 있습니다.

그러나 지윤이는 단순히 자신이 좋아하는 연예인처럼 되고 싶다는 마음이 드는 건지, 아니면 실제로 본인에게 재능이 있어 이를 직업으로 삼고 싶은 것인지를 진지하게 생각해 봐야 할 것입니다. 청소년기에는 연예인과 같이 대중에게 인기가 많은 사람을 동경하고, 한 번쯤 저 사람처럼 유명해지고 싶다는 마음이 들기도 합니다. 그렇지만 연예인은 좋아한다고 해서 될 수 있는 일이 아닙니다.

지금 지윤이는 다른 사람들에게 사랑과 인정을 받기 위해 어떤 노력을 하고 있는지, 어떤 점이 부족한 부분이고 어떤 점이 원하는 모습인지, 그리고 그것을 얻기 위해서 어떤 노력을 해야 할지 스스로를 구체적으로 돌아봐야 할 시기입니다.

✤ ✤ ✤

창현이는 요즘 월드스타 싸이에 푹 빠져 있습니다.

"저는 요즘 젠틀맨 춤을 연습하고 있어요."

"창현이는 춤을 추는 것이 재미있나 보구나."

"네. 애들 앞에서 춤추는 걸 좋아해서, 반에서 마스코트를 맡고 있어요.

제가 웃긴 춤을 추고 친구들이 재미있어하면, 저도 더 신이 나요."

▲ 송창현(가명) 학생 그림

⁵ 참을 수 없는 유혹   285

창현이는 자신의 모습을 세계적인 스타 싸이의 모습에 대입시켜 그렸습니다. 평소 활발하고 또래와의 관계도 좋은 편이라 창현이가 춤을 출 때 친구들이 많은 호응을 해 준다고 합니다. 창현이는 자신도 스타 싸이처럼 세계적으로 유명한 사람이 되어 돈을 많이 벌고 싶다고 이야기했습니다.

창현이가 선글라스와 무대 의상으로 자신을 자세히 묘사한 것은 스스로를 과시하려는 욕구를 상징하는 것이자 다른 친구들로부터 받고 싶어 하는 보상을 표현하는 것이기도 합니다.

창현이가 연예인이 되고자 한다면 먼저 자신이 연예인이 되는 데 재능이 있는지, 또 그것을 직업으로 하기 위해 본인이 꾸준히 노력할 수 있는지를 생각해 봐야 합니다. 단순히 지금 자신이 좋아하는 연예인의 겉모습만 보고 부러운 마음으로 시작하는 것이 아니라, 그 사람이 겪었을 무수한 노력도 감당할 수 있을지 고민해 봐야 하기 때문입니다. 부모님과 진지하게 이야기를 나누고 신중하게 진로를 결정하는 것이 바람직할 것입니다.

⚜ ⚜ ⚜

청소년기는 꿈을 꾸는 시기입니다. 종종 어른들이 보기에 뜬구름 잡는 것처럼 보이는 장래 희망들도 품곤 하죠. 과연 그들이 품는 꿈이 뜬구름인지, 현실 가능한 것인지를 판단할 수 있는 기준이 있을까요? 완벽한 기준이 있진 않지만 그들이 자신이 원하는 목표에 조금 더 가까이 다가가도록 돕기 위해 함께 고려해야 할 것은 분명히 있습니다. 그것은 바로 '타고난 기질적 특성'입니다.

기질은 크게 본성과 양육의 양 측면에서 논쟁을 일으키며 발전한 개념인데, 플라톤Platon이 5가지 성격 유형으로 사람을 구분한 것이 그 이론적 시초라 할 수 있습니다. 현대에 이르러 타고난 기질과 환경, 경험하며 형성되는 요소들을 세밀하게 구분한 이론들이 나타나고 있으며 코스타Costa와 맥크래McCrae가 주장한 '5가지 성격 특성 요소'가 그 대표적인 예입니다. 타고난 기질을 함께 발견해 주는 것은 청소년이 품고 있는 꿈의 씨앗에 물을 주는 것과 같습니다. 아이들이 자신의 꿈에 한 발자국 가까이 도달할 수 있도록 응원해 주는 가장 좋은 방법은 관심과 사랑의 표현입니다. 기질을 발견해 주는 것에 그치는 게 아니라 타고난 장점을 극대화할 수 있는 환경을 만들어 주는 것도 어른들의 몫이라 할 수 있습니다. 아무리 좋은 씨앗을 가진 친구라 할지라도 밭을 일구고 보살펴 줄 농부가 없거나 그 밭에 가뭄이 든다면 이 농사는 실패에 이를 수밖에 없습니다. 어른들의 앞선 경험과 지혜는 농사의 수확을 풍성하게 하도록 돕는 좋은 거름이 될 것입니다.

내가 좋아하는 것만
할 수 없나요?

"음악만 들으며 살고 싶어요."

"빨리 대학생이 되고 싶어요."

우리가 아주 어린 아이일 때는 좋아하는 것만 하며 하루를 보냈습니다. 예를 들면 하루 종일 집에서 그림을 그리며 시간을 보내도 문제가 되지 않았지요. 그러나 청소년 시기에는 학교생활 규칙과 다양한 활동, 그리고 과도한 학업량이 하고 싶은 것만 할 수 있는 시간은 커녕 마음의 여유도 주지 않습니다.

청소년 시기는 본격적으로 사회에 나가기 전에, 자신만의 능력을 개발할 수 있는 최적의 시간입니다. 학업이나 또래 관계에서 자신이 갖고 있는 여러 가지 잠재된 능력들을 발휘할 수 있기 때문입니다. 기억해야 할 것은, 자신에게 의무적으로 주어지는 여러 가지 일들이 지금은 자신을 힘들게 하는 것 같아 보여도, 훗날 더 큰 그릇의 사람이 되기 위한 발판이 될 수 있다는 것입니다. 더 많은 경험과 더 많은 실패가 자신을 좀 더 단단하게 만들어 이후 더 많은 기회를 잡을 수 있는 힘을 길러 줍니다.

일상에서의 탈출 욕구

경호가 가장 좋아하는 것은 음악 듣기이며, 평소에도 거의 대부분 이어폰을 꽂고 지낸다고 합니다. 그림 속 장면은, 자신이 가장 좋아하는 가수의 콘서트에 가서 소리를 지르며 함께 노래를 부르고, 마음껏 자유롭게 하루를 보내는 것을 표현한 것입니다. 고3인 경호는 스트레스가 크고 학교생활이 즐겁지 않아 빨리 대학생이 되고 싶다고 이야기했습니다.

그림에는 인물의 표정이나 동작이 세밀하게 표현되어 있지 않으며 전체적인 상황과 분위기만 묘사되었습니다. 고3인 경호가 콘서트 장에 가거나 여가 시간을 즐기는 것이 불가능하므로, 이 그림은 힘든 상황을 견디고 있는 자신에게 보상을 주려는 시도로 해석 가능합니다. 막대 모양의 인물들은 가운데 통로를 기준으로 똑같은 숫자로 그려졌는데, 이러한 대칭적 표현은 경호가 실제 삶

▲ 최경호(가명) 학생 그림

에서 기준과 규칙에 대한 강박관념이 심할 수 있음을 의미합니다. 강박적 성향 때문에 스트레스가 많이 쌓여 있을 가능성도 있습니다. 왼쪽 무리에서 뒤쪽에 따로 떨어져 있는 한 사람이 경호 자신을 의미합니다. 군중들과 자신을 분리하여 그린 것은 콘서트 장에 가서 즐기고 싶은 소망과 공부를 해야 하는 현실 사이에서 괴리감을 느끼고 있음을 말해 줍니다. 이는 무리 안에 완벽하게 섞이지 못하고 있는 모습을 무의식중에 표현한 것으로도 해석할 수 있습니다.

"만약 대학생이 된다면 지금과 가장 달라지는 것이 무엇일 것 같니?"
"모든 것이요."

짧막한 대답이 돌아옵니다.

"그래, 모든 것이 변하면 경호가 행복해 질 수 있을 것 같구나. 경호가 말한 '모든 것'이 무엇인지 설명해 줄 수 있겠니?"

구체적인 대답을 요구하자 경호는 골똘히 생각에 잠깁니다.

"아마 질문에 바로 대답하기 힘들 수도 있어. 종이를 하나 줄게. 하나씩 떠오르는 대로 적어 보자."

'자유, 음악, 해소, 친구, 독립.'

경호가 적은 것들입니다. 현재의 스트레스 상황에서 벗어날 수 있는 탈출구를 '음악'으로 설정한 것을 알 수 있습니다. 이어폰을 끼고 음악을 듣는 것은 청소년들 대부분이 즐겨하는 행동입니다. 아이들은 종종 어른들의 시각에서는 심하다 싶을 정도로 음악과 함께 동고동락합니다. 왜일까요?

사실 청소년들에게는 스트레스를 스스로 극복하거나 해소할 수 있는 방법이 많지 않습니다. 겨우 음악을 듣거나 친구들과 이야기를 나누거나, 컴퓨터를 하는 정도입니다. 특히 음악은 그들을 현실과 잠시 분리시켜 준다는 점에서 큰 매력이 있습니다. 이어폰을 꽂고 자신이 좋아하는 음악을 듣고 있노라면, 그 음악의 세상 속에서 홀로 자유를 누리고 있는 것 같습니다. 끊임없이 쏟아지는 학업에 대한 부담과 압박을 이겨 낼 방법이 없기 때문에 노래 속의 자유를 만끽하는 것입니다. 이어폰을 꽂고 있는 아이들의 행동을 무조건적으로 나무라며 혀를 차기보다, 종종 한쪽 이어폰을 나누어 끼고 무슨 음악을 듣고 있는지 알아보고자 다가가는 것이 중요합니다.

✤ ✤ ✤

다음은 훈이의 작품입니다. 훈이는 자신의 평소 모습을 그림으로 나타냈습니다.

"저는 뭐 평소에 이렇게 게임을 하고 있어요. 엄마가 공부하라고 잔소리를 하면 오히려 게임이 더 하고 싶어져요. 특히 비오는 날에는 이불을 덮고 하루 종일 방 안에서 나오지 않기도 해요. 비가 오는 어두운 방에서 아무 눈치도 보지 않고 며칠 동안 게임만 계속 했으면 좋겠어요."

그림 속 훈이는 실내임에도 불구하고 모자를 착용하고 있으며 등을 돌리고 있어 구체적인 표정을 알 길이 없습니다. 뒤통수 부분을 그린 것은 세상과 직면하기를 원하지 않음을 의미함과 동시에 그로 인한 불편함과 불안감을 상징합니다. 외부 세계에 대해 거부감을 가지고 있을 수 있으며 특히 얼굴을 모자로 가린 것은 자신감 부족으로 해석할 수 있습니다. 외부 세계에 대한 거부감이 형성된 요인에는 여러 가지가 있겠지만, 혼자 게임을 하며 보

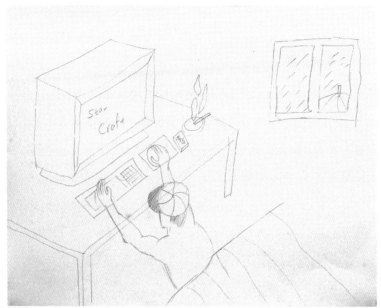

▲ 김훈(가명) 학생 그림

내는 일이 반복되면서 다른 사람들과의 정서적인 상호작용이 부족한 것이 큰 원인으로 짐작됩니다. 또한, 청소년임에도 불구하고 오른손 옆에 담배를 그려 놓은 것으로 보아 흡연 가능성이 보입니다. 훈이의 그림에서 특이한 점은 오른쪽 창문 밖에 우산을 그려 넣은 것인데, 이는 밖에서 누군가가 자신의 행동을 바라보고 있는 것 즉, 다른 사람들의 시선에 대해 많은 신경을 쓰고 있는 것을 상징합니다.

❀❀❀

경호나 훈이처럼, 현재 자신의 상황에서 벗어나고 싶어 하는 청소년들에게 긍정적인 의욕을 불러일으키기란 쉬운 일이 아닙니다. 세상이 돌아가는 일에는 관심 없이 혼자만의 시간만 보내고 있는 것처럼 보이는데, 이는 이미 그들이 삶에서 많은 패배감을 경험했고 그로 인한 좌절감을 극복하지 못했기 때문입니다. 한마디로 자신감이 떨어져 있는 상황이지요. 이런 청소년들의 자신감과 의욕을 높여 주기 위해서는 아주 작은 부분이라도 주변에서 인정해 주고 격려해 주는 것이 필요합니다. 또한 그들에게 기회를 제공해 주는 것 역시 중요합니다. 잘할 수 있는 '장'을 마련해 주는 겁니다. 사소한 일이라도 충분히 할 수 있는 과제를 던져 준 후 그들이 해냈을 때 끝없는 칭찬과 격려를 쏟아 주는 겁니다. 이러한 성공 경험들은 청소년들이 갇혀 있는 폐쇄적인 세계에서 벗어나 세상과 소통할 수 있도록 돕습니다.

비록 겉으로 보기에 아무것도 제대로 하고 있는 않는 것 같아서 인정할 거리가 없다는 생각이 들지라도, 그 사람 자체가 가지고 있는 장점에 대해 생각해 보는 것이 중요합니다. 예를 들어, 소심한 사람은 다른 사람에 비해 섬세한 면이 있다고 생각할 수 있습니다. 이렇게 지니고 있는 장점을 그 자체로 인정해 주는 것은 경호와 훈이 같은 청소년들이 다시 자신의 능력에 대해 긍정적으로 생각할 수 있는 기회를 마련해 줄 수 있습니다. 이후 작은 일이라도 하나씩 성취해 가도록 도우며 정서적으로 지지하는 마음을 보내 준다면, 현실적으로 막막하고 답답한 느낌을 조금씩 덜어갈 수 있을 것입니다.

다양한 학문에 접근하고 공부하는 것은 앞으로 자신에게 보다 더 큰 기회를 만들어 주기 위해서입니다. 아직 본인이 무엇에 재능이 있는지 모르거나,

마땅히 되고 싶은 꿈이 없다면 더욱 다양한 경험을 쌓도록 노력할 것을 권합니다. 사소한 것부터 큰 일까지, 원하는 일부터 원치 않는 일까지, 이 모든 과정을 겪다 보면 어느새 자신도 모르게 훌륭하게 성장해 있는 모습을 발견하게 될 것입니다.

4
부자가 되고 싶어요

"로또에 당첨되면 좋겠어요."

이 세상에 부자가 되고 싶지 않은 사람은 아마 없을 겁니다. 부자가 되고 싶은 마음 그 자체는 나쁜 것이 아니지요. 부자가 되면 무엇을 하고 싶은가요? 부자가 되면 할 수 있는 일이 많아지고, 하고 싶은 일을 하는 데 여유를 가질 수 있습니다. 그런데, 부자는 정말 원하는 모든 것을 다 할 수 있을까요? 아닙니다. 돈이 우리에게 필요한 모든 것을 다 해결해 주지는 않습니다. 행복해지기 위해 돈이 많기를 바라지만 아이러니하게도, 돈이 많다고 행복이 반드시 보장

되는 것은 아닙니다.

현재 자신에게 주어진 것들에 대해 한번 생각해 봅시다. 평소에는 잘 모르고 지나쳤던 것들이, 어떤 사람에게는 절실히 원하는 한 가지일 수도 있습니다. 본인이 가진 것들에 대해 생각해 보며, 어떤 부분이 자신을 행복하게 만들어 주는지, 어떤 부분이 감사하다고 여겨지는지 생각하는 시간을 한번 가져 보면 어떨까요.

참고로 심리학에는 '매슬로의 욕구단계이론'이 있습니다. 미국의 심리학자 매슬로A. H. Maslow가 전개한 '동기부여의 내용이론content theory'은 인간의 동기가 다섯 가지 욕구의 계층에 따라 순차적으로 생겨나며 그 욕구를 충족시킴으로써 일하려는 동기가 생겨난다고 보는 이론입니다. 매슬로에 따르면 인간의 행동은 욕구欲求에 의해 동기가 유발되는데, 이러한 인간의 욕구를 단계(계층)별로 배열할 수 있다고 합니다. 맨 아래 단계(최하위)인 ① 생리적 욕구부터, ② 안전의 욕구, ③ 사회적 욕구, ④ 자기 존중의 욕구, ⑤ 자아실현自我實現의 욕구에 이르기까지, 인간의 욕구는 모두 다섯 단계로 이루어져 있다고 말합니다. 그리고 하위下位 단계의 욕구가 어느 정도 충족되면 다음 단계의 욕구를 추구하게 되며, 이미 충족된 욕구는 인간의 행동을 유발시키는 동기부여의 기능을 갖지 못한다고 합니다. 따라서 금전적인 소유 욕구를 넘어 자기 존중과 자아실현 욕구에 중점을 둔다면 더욱더 풍요로운 삶을 살 수 있을 것입니다.

소유욕

지영이는 자신이 미래에 짓고 싶은 집의 모습을 그림으로 표현했습니다.

"제가 돈을 많이 벌면 부모님이랑 이런 전원주택에서 살고 싶어요. 집 안에 있는 금고 두 채에는 보석과 돈들이 가득 쌓여 있고요. 제가 고양이를 좋아하니까 고양이도 한 마리 있어야 되고…… 저는 지금 쇼핑을 마치고 돌아오는 모습이에요."

"지영아, 저기 그네를 타고 있는 사람은 누군지 설명해 줄 수 있니?"

"모르겠어요. 그냥 놀고 있는 아이에요."

▲ 한지영(가명) 학생 그림

지영이가 도화지의 반 이상을 할애하여 집을 그려 넣은 것으로 보아, 바라는 부의 기준이 큰 것을 알 수 있습니다. 집 내부의 금고가 밖으로 보이도록 드러나게 그린 것은 자신이 갖고 있는 부를 과시하려는 시도로 보입니다. 지영이가 누군지 알 수 없다고 한 '그네 타는 아이'는 지영이의 무의식 속에 자리 잡고 있는 어린아이로 볼 수 있을 것입니다. 현재를 뛰어넘어 부자가 되고 싶은 마음과 원래 모습인 어린아이의 동심이 함께 공존하고 있는 것을 알 수 있습니다.

"부자가 된다면 무엇을 가장 먼저 하고 싶니?"
"백화점에서 사고 싶은 것을 끝도 없이 실컷 살 거예요."

대답을 끝마치기 무섭게 연달아 말했습니다.

"엄마를 데려갈 거예요. 백화점에 모시고 가서 엄마가 갖고 싶은 것들을 모두 사 줄 거예요. 우리 엄마는 평생 고생만 했으니까…… 꼭 엄마가 부자로 행복하게 살도록 돈을 많이 벌 거예요."

지영이가 부자가 되고 싶은 이유는 바로 여기에 있었습니다. 아빠의 사업 실패로 인한 어머니의 마음 고생과 생업에 대한 부담을 바로 옆에서 느끼고 체험한 것입니다. 어느 날은 집에 쌀이 없어 당장의 끼니 걱정을 한 적도 있다고 합니다. 하지만 지영이를 정말로 괴롭혔던 것은 배고픔보다는 부끄러움이었습니다.

"혹시 친구들이 제가 돈이 없고 아빠 사업이 망한 것을 알게 될까봐 매일 매일 걱정했어요. 학교에 가면 괜히 눈치 보게 되고……."

청소년 시기는 타인의 시선에 민감하게 반응하고 또래 사이에서 인정받기 위해 애쓰는 때입니다. 그런 시기에 아빠의 사업 실패를 경험한 지영이는 행여나 자신의 가난이 드러날까 불안했을 것입니다. 물론 아무도 지영이를 나무란 적은 없습니다. 그러나 자신도 모르는 사이 과도하게 위축되어 눈치를 보게 된 지영이의 태도 때문에 자연스럽게 또래 관계에서 문제가 일어나기 시작했습니다. 부쩍 말수가 줄어든 지영이의 태도를 친구들이 너그럽게 인정해 줄 리 없었습니다.

그림을 그리며 이야기를 나누어 본 결과, 현재 지영이는 다른 사람과 관계 맺는 것 자체에 스트레스를 받고 있을 가능성이 큽니다. 특히 또래와의 상호 작용에 어려움을 겪고 있을 가능성이 있으며, 자신의 속마음을 보이지 않으려는 방어감이 다소 높은 것으로 보입니다. 또한, 자신의 미래에 대해 불안함을 느끼고 있을 수도 있습니다.

✤ ✤ ✤

서진이는 자동차에 관심이 많은 친구입니다. 현재 고등학생이라 운전을

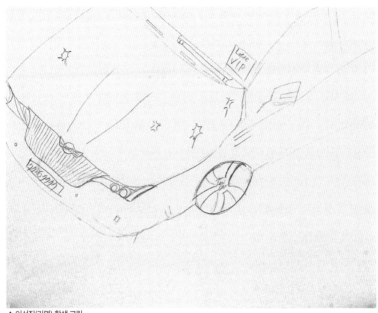

할 수 없으므로 빨리 대학생이 되어 운전면허를 따고 차를 갖고 싶다고 이 야기했습니다. 자동차에 관심이 많은 만큼, 그 세부적인 구조를 묘사하는 것에서 즐거움을 느꼈습니다.

"서진아, 서진이가 말하는 멋진 자동차를 갖게 된다면 가장 먼저 누구에게 자랑하고 싶을 것 같니?"

"우리 반 1등, 정우에게 자랑하고 싶어요."

서진이는 노력파 학생으로 소문이 자자합니다. 성적도 우수한 편이고 친구들과의 관계도 원만합니다. 그런 친구가 도화지를 보자마자 번쩍번쩍한 자동차를 그리는 것이 의아했습니다. 스트레스의 정도나 자신의 목표에 대한 그림이 아닌, 멋진 외제차를 그린 이유는 다름 아닌 1등 정우 때문이었습니다.

서진이는 강조하고 싶은 부분들을 진한 선으로 그렸습니다. 이를 통해 서진이 역시 다른 사람들에게 보이는 외적 모습에 대하여 평소 많은 시간을 투자하고 있을 것으로 해석할 수 있습니다. 자신을 직접적으로 외부에 드러내는 것에 대해서는 수줍음이 많거나 경계심을 가지고 있을 수 있지만, 마음속 성취 욕구나 소유욕은 상대적으로 큰 것으로 짐작됩니다. 또한 '부'를 획득하여 정복하고 싶은 심리도 나타납니다. 자동차 앞 유리에 'VIP' 스티커를 세밀하게 그려 넣음으로써 타인보다 높은 위치에 서고 싶은 마음을 직접적으로 표현하였습니다.

"아무리 노력해도 안 되는 것이 있는 것 같아요."

서진이는 공부하면서 1등 정우를 항상 의식하게 된다고 말했습니다. 만년 2등이라는 이야기가 듣기 싫은 서진이는 언젠가는 꼭 정우를 이기고 싶다는 생각과 결심이 대단합니다. 한동안은 자신의 노력과 열심이 결실을 맺을 것이라는 희망을 가지고 하루하루 열심히 보냈다고 합니다. 그러나 시험 결과는 또 다시 서진이를 절망시켰습니다. 이번에도 1등과 2등의 자리는 바뀌지 않았습니다.

"공부로는 도저히 그 친구를 이길 수 없을 것 같아요. 그래서 자동차를

그랬어요. 저렇게 멋있는 자동차를 타고 나타나면 정우도 별 수 없이 2
등이 될 거예요."

대상이 분명했습니다. 서진이가 멋진 자동차를 가지고 자랑해야 할 상대,
정우. 현재 서진이가 가장 갖고 싶은 것은 사실 자동차가 아니라 '1등 자리'
입니다. 한끝 차이로 번번히 미끄러지는 것 같은 쓰린 마음을 멋진 자동차로
달래고 1등으로 우뚝 서고 싶은 것이죠.

미국 코넬 대학에서 1992년 하계올림픽 은메달을 딴 선수와 동메달을 딴
선수를 비교한 실험을 하였습니다. 1등만 기억하는 세태 속에서 2등과 3등
의 반응과 감정을 살피기 위한 실험이었습니다. 은메달과 동메달을 딴 선수
들의 표정을 비디오로 촬영한 후 분석한 결과 흥미로운 사실이 나타났습니
다. 동메달을 딴 선수는 비교적 행복한 표정을 짓고 있었던 것과 달리, 은메
달을 딴 선수는 울상이거나 불쾌한 표정이 역력하였습니다. 원인은 다음과
같았습니다. 은메달을 딴 선수가 동메달을 딴 선수보다 불행해 보인 이유는
'내가 1등을 할 수도 있었는데……'하는 아쉬움과 후회가 크기 때문입니다.
이와 달리 동메달을 딴 선수는 '자칫하면 아무 상도 받지 못할 뻔했어……'
라는 생각 덕분에 행복을 더 크게 느끼는 것이죠. 실험에서 볼 수 있듯이 2
등의 스트레스와 패배 의식은 3등보다 큽니다. 서진이가 끊임없이 1등과 모
든 부분에서 자신을 비교하며 좌절하는 모습도 이러한 이유에서 온다고 할
수 있습니다.

다음은 현일이의 그림입니다.

"저기 복권을 사는 사람들 줄에 저도 있어요."

현일이는 아직 직접 복권을 사 본 적은 없지만 부모님이 구입하시는 것을 종종 본 적이 있다며, 편의점의 이름, 약국과 같은 주변 환경의 모습을 구체적으로 표현했습니다. 아마도 생활 속에서 익숙하게 봐 왔던 광경을 묘사한

▲ 마현일(가명) 학생 그림

것으로 보입니다. 살림이 더 나아지기를 바라는 부모님을 보며 자신도 성인이 되면 꼭 복권을 사 보리라 생각했다고 설명했습니다. 만약 1등에 당첨이 된다면 자신을 키워 주신 부모님께 보답하고 싶다고 했습니다.

현일이는 부자가 되어 현재 상황을 벗어나고 싶어 하는 마음을 드러냈습니다. 전체적으로 위쪽을 향하는 대각선 구도를 통해 현재보다 더 나은 재정적 여유를 갖고자 하는 내면을 표현했다고 볼 수 있습니다.

❀ ❀ ❀

앞의 경우들만 봐도 부자가 되고 싶다는 마음 이면에 더 깊은 욕구가 있음을 알 수 있습니다. 물질은 반드시 우리에게 필요한 것이지만, 그것이 삶의 목적 자체가 될 수는 없습니다. 오로지 돈과 부를 쌓는 것이 삶의 목적이 된다면 인생은 각박하고 건조해질 것입니다. 돈을 많이 벌어 결국 얻고 싶은 것은 뭘까요? 우리는 반드시 그 다음 단계를 생각해 보아야 합니다. '많은 돈을 가지게 된다면, 나는 그 돈을 가지고 ~을 할 거야.' 라는 대답을 할 수 있어야 합니다. 돈을 많이 버는 것이 결국 우리의 어떤 부분을 채워 줄 것인지 생각해 보아야 합니다. 또한 부자에 대한 긍정적이고 다양한 모델링도 필요합니다.

세상에는 공짜가 없지요, 절대로 쉽게 얻어지는 것은 없습니다. 어떤 인생이 우리에게 행복을 가져다줄까요? 돈만 있다면 우리가 행복해질 수 있을까요? 결국 중요한 것은, 진정한 행복입니다. 자신의 주변에서 미처 깨닫지 못했던 행복의 씨앗들을 찾아보는 것은 어떨까요? 여러분이 노력하지 않아도 주어지는 많은 것들에 대해 생각해 보며 감사하는 마음을 갖길 바랍니다.

5
이성에 대한
호기심이 너무 많아요

"좋아하는 친구가 생겼어요."

청소년 시기 가장 흥미진진한 변화는 아마도 신체 변화와 이성에 대한 호기심이 증가하는 것이라고 할 수 있을 것입니다. 좋아하는 사람을 보면 심장이 콩닥거리고 얼굴이 빨개지기도 하며, 무슨 말을 해야 할지 모를 때도 있습니다. 또한 이 시기는 후두엽이 발달하는 때라 시지각이 발달합니다. 따라서 야한 동영상이라도 보게 되면 오랫동안 색깔과 형태 잔상이 남아 그 장면이 계속 생각나게 됩니다.

이 시기 이성에 대한 호기심은 당연합니다. 하지만 호기심을 올바르게 표현하는 것이 중요합니다. 자칫 이성에 대한 잘못된 가치관이 형성되면 성인이 된 후에 만나는 이성 관계에도 부정적인 영향을 줄 수 있기 때문입니다.

청소년 시기에 성에 대한 가치관이 바로 잡히지 않는다면 자칫 큰 범죄로 이어질 수도 있기 때문에 가정과 학교, 본인 모두 성교육을 통해 건강한 인식을 가질 필요가 있습니다. 스마트폰의 발달로 인해 성인 음란물을 쉽게 접할 수 있게 되었고, 청소년 성범죄도 늘어났습니다. 그뿐만 아니라 학생들이 성문화를 접하는 나이가 갈수록 어려지는 데다가 어른보다 더 빠르게 성인물을 접하고 있습니다. 그렇지만 아이들을 둘러싼 가정이나 학교와 같은 주변에서 진행되는 성교육이 이 속도를 쫓아가지 못하고 있는 실정입니다.

성 충동과 호기심

지훈이는 이성에 대한 호기심을 주로 인터넷에서 성인물을 보면서 해소한다고 설명했습니다. 그림 안에 두 가지 화면을 그렸는데, 하나는 컴퓨터이고 다른 하나는 TV입니다. 지훈이는 부모님이 늦게까지 일하시는 경우가 많아 종종 혼자 집에 있는데, 그때마다 심심함을 달래기 위해 습관적으로 컴퓨터를 켭니다. 조금만 해야지 하는 생각으로 보지만 시간이 순식간에 지나 밤을 새는 경우도 종종 있다고 말했습니다.

시간은 물리적 시간과 심리적 시간으로 구분할 수 있습니다. 우리가 1시

▲ 구지훈(가명) 학생 그림

간, 2시간이라고 일컫는 시간은 물리적인 시간이며, 지훈이가 말한 것처럼 순식간에 지나가는 시간은 심리적 시간이라 할 수 있습니다. 우리가 밤을 지새워 어떤 일을 할 경우에는 물리적 시간 개념을 놓치기 쉽습니다. 얼마나 시간이 흘렀는지, 밤을 샌 후 자신의 몸 상태가 얼마나 피로해졌는지 살피지 못하게 되는 것이지요. 특히 청소년 시기 성적 호기심 때문에 동영상을 보기 시작했다면 스스로 절제할 수 있을 가능성은 거의 없습니다. 우리의 두뇌는 더 자극적이고, 더 새로운 것을 원하기 때문입니다.

지훈이는 컴퓨터 화면 속의 성행위를 그림 안에 캐릭터 형식으로 묘사해 넣었으며, 자신의 모습도 그렸습니다. 성적인 호기심을 해결하기 위해 음란물을 보는 행동은 공개적으로 드러낼 수 없는 일이기 때문에 본인의 옆모습을 그렸을 가능성이 높습니다. 또한 음란물을 보는 것을 타인에게 들키지 않고자 하는 심리적 조급함과 불안감도 있는 것으로 파악됩니다.

성적 호기심이 왕성한 청소년기 학생들이 인터넷 등의 매체를 통해 몰래 음란물을 보는 행위는 어찌 보면 자연스러운 행동일 수 있습니다. 그러나 주의해야 할 것은 이것이 습관으로 굳어지면 안 된다는 것입니다. 성적인 욕구를 건강하지 못한 방법으로 푸는 것이 습관화되면 성도착증 증세로 발전할수도 있기 때문입니다.

성 충동을 건강하게 발산시키는 방법은 운동을 비롯한 취미생활입니다. 평소에 배우고 싶었던 것이 있는지 생각해 보고, 좋아하는 것에 열중하는 것도 한 방법입니다.

✠ ✠ ✠

다음은 요즘 한참 이성에 관심이 많아진 나정이의 그림입니다.

나정이는 자신이 짝사랑하고 있는 남자친구를 그림으로 표현하였습니다.

"아직 고백은 안 했어요. 그냥 멀리서 보기만 해요."

"나정이는 그 친구의 어떤 면이 좋니?"

"음…… 공부를 열심히 하고 있는 모습을 보면 되게 멋있다는 생각이 들어요. 아무래도 학생이니까, 공부에 집중할 때가 멋있게 보이는 것 같아

▲ 성나정(가명) 학생 그림

요. 또 저희 아빠가 되게 성실하신데, 아빠 같은 느낌도 들고요."

나정이는 새로운 것에 호기심이 많으며 그것을 시도하는 것에 대해 유연함을 가지고 있는 것으로 보입니다. 자신과 이성의 옷은 파란색으로 칠하였고, 설렘을 느끼는 자신의 감정을 붉은색 하트 모양으로 그렸습니다. 나정이는 이성에게 느끼는 설렘을 강조하여 표현하였고, 열정적으로 공부에 집중하는 이성의 모습이 더 크게 드러나도록 하였습니다. 이것은 자신이 집중하고 있는 상대나 애정을 가지고 있는 상대의 존재가 크게 느껴지고 있음을 눈에 보이도록 표현한 것으로 보입니다.

나정이와 남학생의 공간은 멀리 떨어져 있습니다. 그림에 나타난 남학생과 나정이 사이의 거리감은 자신이 상대를 좋아하는 마음은 크지만 수줍음 때문에 직접적으로 표현할 기회가 거의 없었다는 것을 예상하게 합니다.

✣ ✣ ✣

경아의 그림에도 이성의 관심을 받고 싶은 마음이 표현되어 있습니다.

경아는 화면을 둘로 나누어 한쪽에는 자신이 평소에 호기심을 갖는 것들에 대해 그렸고, 다른 한쪽에는 성인이 된 자신의 모습을 그렸습니다. 현재의

▲ 이경아(가명) 학생 그림

자신을 교복 입은 학생으로 그려 넣었으며, 이성의 몸매와 이성 교제 등을 나열하여 표현했습니다. 미래의 자신은 미성년자인 지금의 모습을 벗어나 화장을 하고 최대한 예쁘게 꾸민 모습으로 표현했습니다. 립스틱을 바르고 있는 모습으로 여성성을 강조하였으며 큰 눈을 부각시켜 표현하였습니다.

현재 모습의 배경으로 사용된 보라색은 신비로운 미지의 세계 즉, 호기심을 상징합니다. 자신이 잘 알지 못하는 이성에 대한 막연한 호기심과 궁금증이 가득한 표정으로 상상하고 있는 모습을 볼 수 있습니다. 입술과 눈은 여성성을 극대화할 수 있는 신체 부위인데 이를 강조한 것으로 보아 이성에게 보이는 외적인 모습에 대해 예민하게 고민하고 있음을 알 수 있습니다. 또한 현재의 모습을 벗어나 이성에게 매력을 어필할 수 있는 여성이 되고 싶은 소망이 강한 것도 알 수 있습니다.

⚜ ⚜ ⚜

사춘기를 지나면서 이성에 대한 호기심이 점점 많아지고, 좋아하는 사람이 생겨 마음이 흔들리는 것은 정상적인 변화입니다. 청소년기에는 누구나 이성 교제에 관심을 갖게 되고, 또래 관계가 동성에서 이성 관계로 확장되어 가죠. 특히 나와 다른 성의 사람들과 어울리는 폭넓은 이성 교제는 중요한 부분입니다. 잘 알지 못했던 생각, 관심사 등을 서로 이해하고 공유하는 것 역시 자신의 성장에 도움이 되기 때문입니다.

청소년의 이성 교제를 무조건적으로 반대하는 것은 옳지 않습니다. 어른들의 입장에서 염려되고 우려되는 것이 많은 것은 사실이지만 좋은 방향으로 흘러갈 수 있도록 이끌어 주는 것이 무엇보다 중요합니다. 이성 교제를 특정 한 명하고만 사귀는 것으로 제한하는 것은 다양한 사람들과의 관계에서 얻을 수 있는 배움이 줄어들고 시야도 좁아지게 됩니다. 또한 서로에 대해 너무 집착하게 되는 경우 다른 친구들뿐만 아니라 공부에도 소홀해지기 때문에, 자신의 인생에서 가장 중요한 때인 청소년기를 잘 보내는 데 어려움을 겪을 수 있습니다. 다양한 사람들과 다양한 교류를 통해 많은 것을 배우고 느끼는 건강한 이성 교제를 하길 바랍니다.

이성과의 대화나 모임은 인간에 대한 이해의 폭을 넓힐 수 있는 계기가 됩니다. 좋은 사람들과 바르고 건전한 관계를 경험하고 함께하는 즐거움을 느끼길 바랍니다.

6

몸에 변화가
생겼어요

"제 모습이 너무 낯설어요"

　뭉크의 그림 중에 〈사춘기〉라는 작품이 있습니다. 이 작품은 한 소녀가 놀
란 표정으로 앞을 응시하고 있는 모습으로 초경을 경험한 소녀의 모습과 심
리 상태를 보여 줍니다.

　사춘기가 되면 남녀 모두에게 호르몬의 변화가 생깁니다. 이로 인해 감정
적인 변화와 신체적인 변화를 동시에 겪게 되지요. 어린이의 모습에서 성인
의 모습으로 변화하는데, 이러한 신체적인 변화가 어쩐지 불편하기도 하고,

자신도 모르게 예민해지기도 합니다.

그러나 그 모든 느낌과 변화는 자연스러운 것입니다. 조금씩 달라지는 자신의 모습을 있는 그대로 받아들이고, 그러한 변화를 멋진 여성 또는 멋진 남성이 되어 가는 과정으로 생각하면 좋을 것 같습니다.

또한 여러분들은 아직 성장하고 있는 단계에 있으므로, 지나치게 외모에 집착하여 무리한 다이어트를 하는 것은 영양부족과 골다공증으로 이어질 확률이 높습니다. 건강한 몸과 마음으로 자신의 변화 과정을 받아들이는 태도가 필요한 이유입니다.

겉모습에 과도하게 치중할 경우 병리적인 현상으로 나타나기도 하는데 그중 하나가 무리한 다이어트로 인한 거식증입니다. 거식증이라고 불리는 '신경성 식욕부진증anorexia nervosa'은 대표적 섭식장애의 하나로, 살을 빼려는 지속적인 행동, 체중 감소, 음식과 체중에 대한 과도한 집착, 음식을 다루는 기이한 행동, 살이 찌는 것에 대한 강한 두려움, 무월경 등을 주요 특징으로 하는 질환입니다. 건강이 가장 중요하다는 것을 잊지 말고 외적인 미의 추구가 병리적인 현상으로 이어지지 않도록 주의해야 할 것입니다.

사춘기와 신체 변화

윤진이는 배경 색이 다른 두 가지 상황을 그렸습니다. 중학생 때부터 몸의 변화가 나타나기 시작했는데, 특히 가슴이 커지는 변화가 가장 크게 신경 쓰

▲ 서윤진(가명) 학생 그림

이는 부분이라고 합니다. 혼자 있는 공간에서는 신체의 변화가 신기하기도 하고 자랑스럽기도 하지만, 밖에 나가면 타인의 시선이 의식되어 몸을 가리게 된다고 말했습니다.

　윤진이의 그림은 청소년 시기에 나타나는 신체 변화에 대한 스스로의 인식과 타인의 시선에 대한 인식을 모두 표현하고 있습니다. 흰색 배경의 혼자 있는 공간에서는 자신의 몸에 대해 적극적으로 탐색하고 거울 속에 비친 모습을 정면으로 나타냄으로써 자신감을 드러냈습니다. 더불어 미국의 유명한 가수인 '비욘세'라는 신체적 이상향을 설정하고 자신과 비교하는 모습도 강조하였습니다. 이를 밝고 선명한 색으로 표현한 것은, 혼자 있을 때 자신의 신체에 대해 느끼게 되는 자신감과 자부심으로 해석할 수 있습니다.

이와 달리 붉은 배경의 오른쪽 그림에서는 타인의 시선을 끊임없이 의식하며 다소 위축된 심리와 상체를 가리고 싶은 마음을 어두운 갈색 옷으로 표현했습니다. 두 가지 상황에서 각각 다른 태도를 보이는 것은 타인의 시선을 예민하게 의식하고 자신의 신체적 변화를 드러내는 것을 꺼려하는 청소년기의 특징으로 보입니다.

⚜ ⚜ ⚜

요즘 들어 준우는 이성에 대한 관심이 부쩍 많아졌습니다. 또래 여자 친구들에게는 부끄러워 말을 걸기도 어렵지만 괜히 혼자서 마음이 이상해진다고 합니다.

"좋아하는 여자애가 있는 것도 아닌데, 여자애들이 몰려 있는 곳은 괜히 피하게 돼요."

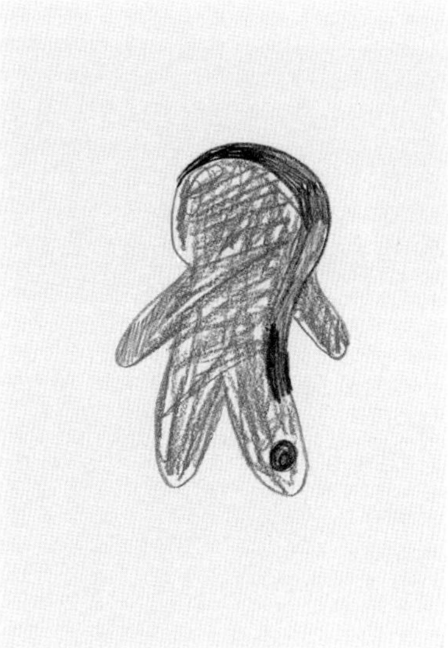
▲ 전준우(가명) 학생 그림

게다가 준우는 최근 자신의 몸

이 어른처럼 변해 가는 것을 보며, 다른 친구들도 이러한 변화를 겪고 있는지, 자신이 느끼는 기분은 정상인 건지 혼란스럽다고 합니다.

"작년 저의 모습과 올해 저의 모습이 너무 달라서 사실 당황스러워요. 부모님도 저의 이러한 혼란스러움을 감지하시고 무슨 일이 있는지 자꾸 물어보세요. 저도 대답할 길이 없어서 답답해요. 저도 제가 왜 이러는지 잘 모르겠어요."

준우는 자신의 모습을 단순화시켜 간략한 테두리 선만으로 표현하였습니다. 이렇게 생략된 표현은 청소년의 그림에서 자주 등장하는데, 준우의 경우 이성에 대한 호기심과 그에 따른 의외의 반응들을 구체적으로 표현할 수 없기 때문인 것으로 보입니다. 여기에 학업 스트레스나 마음속 갈등들이 복잡하게 얽혀 있어 해결하기보다는 회피하고 싶은 마음이 들 수 있습니다. 현실 속에서는 끊임없이 경쟁 상황에 놓여 있고 통제받게 되는 경우도 많기 때문에 자신도 모르게 무기력해질 수 있고 그러한 마음이 그림을 통해서도 나타날 수 있는 것입니다.

성인이 되기 위해 여러 가지 변화를 경험하는 청소년 시기에는 특히 자신의 변화에 대해 민감하게 반응합니다. 머릿속을 가득 채우는 여러 가지 고민들과 호기심들을 본인이 스스로 해결할 수 없는 경우가 많습니다. 준우는 다양한 종류의 고민들을 일일이 나열하여 그리지 않고 물음표를 통해 상징적 · 은유적으로 표현하였습니다. 이는 청소년들이 일반적으로 가지는 특징으로, 자신의 욕구나 감정들을 겉으로 솔직하게 드러내는 것을 꺼리고 있거나, 현재 자신이 가지고 있는 고민과 의문점들이 무엇인지 정확히 깨닫는 데 어려움을 가지고 있는 것으로 여겨집니다.

✤ ✤ ✤

지선이는 자신을 상징하는 세 명의 인물을 그렸습니다. 먼저 가운데 인물을 그렸으며, 두 번째로는 바지를 입고 있는 인물, 마지막으로는 빨간색 상의를 입고 있는 인물을 그렸습니다.

▲ 이지선(가명) 학생 그림

"가운데 사람은 지금의 저이고요, 바지를 입고 있는 사람은 과거의 제 모습이에요. 마지막으로 그린 사람은 미래의 제 모습이죠."

아이스크림은 자신이 통통했던 과거 시절 가장 좋아했었던 음식이었으나 현재 다이어트를 위해 자제하는 중이라고 이야기했습니다. 지선이는 과거의 통통했던 모습에서 벗어나고 싶다고 이야기했지만, 세 명의 인물 중 유일하게 웃고 있는 모습인 것으로 보아 실제로는 과거에 대해 긍정적으로 인식하고 있음을 알 수 있습니다. 오히려 과거, 현재, 미래의 자아상 중에서 중앙에 있는 현재의 모습을 다소 작게 그렸는데, 이는 현재 자신의 외모에 대한 불만족으로 위축된 심리 상태를 나타냅니다. '먹고 싶은 것'에 대한 욕구가 큰 것으로 보이지만, 음식들을 울타리 밖에 그린 것으로 보아 의식적으로 자제하는 중임을 알 수 있습니다. 또한 크게 그려진 가방은 현재 가지고 있는 학업 스트레스로 보이며, 꽃밭은 자신이 미래에 아름다운 외모를 가꾸어 얻게 될 만족감과 행복으로 해석할 수 있습니다.

✤ ✤ ✤

"16살 때 어떤 오빠를 좋아하게 되면서 꾸미는 것에 관심이 많아졌어요."

미영이도 지선이처럼 요즘 부쩍 외모에 관심이 많아졌습니다. 거울을 보는 횟수가 늘어나고, 또래 친구들과 끊임없이 옷차림이나 피부 등 외모로 경

쟁합니다. 미영이는 자신이 입고
싶은 옷들을 그리며 어서 대학생
이 되어 자유롭게 짧은 옷들을 입
고 싶다고 이야기하였습니다.

▲ 허미영(가명) 학생 그림

미영이가 그린 자신의 얼굴에는
눈, 코, 입이 모두 생략된 점이 특
징적인데, 이는 현재의 외모에 대
한 불만족을 상징합니다. 현재 자
신의 외모에 대해 인정하지 못하
고 받아들이고 싶지 않은 것으로
보입니다. 더 예뻐지고 싶고 꾸미
고 싶은 욕구들이 옷의 묘사를 통해 나타납니다. 이런 가운데 자신의 모습
위에 크게 강조하여 그린 하트는 자기 자신에 대한 애정이라기보다는 이성
에 대한 관심과 사랑을 의미할 가능성이 높습니다.

❁ ❁ ❁

청소년들은 어린이 티를 벗고 어른과 같은 모습으로 성숙하는 과정에 있
습니다. 그런 변화를 겪는 자신의 모습이 어색하기도 하고, 쑥스럽기도 하여
괜히 신경이 쓰입니다. 또한 예쁘고 멋진 다른 사람들을 보며 지금의 자신
이 못나 보이기도 하고, 이성에게 잘 보이고 싶은 마음에 외모에 많은 시간
을 투자합니다. 특히 다른 사람들의 시선을 많이 의식하는 사람은 외모에 대

해 더 많은 고민을 갖게 되는데, 이러한 경우 우울이나 불안감을 느끼기 쉽습니다. 여기서 더 중요한 것은 자신의 외모에 대해 수치심을 느끼는 문제입니다. 자신의 모습을 부정적인 눈으로 관찰하는 것 자체가 대인 기피나 거식증, 폭식증 등 다른 심리적인 문제를 가져올 수 있기 때문입니다. 다른 사람의 시선으로 인해 위축되지 않으려면, 먼저 자신에 대해 만족감을 느껴야 합니다. 외모에 대해 너무 높은 기대를 가지고 있으면 있는 그대로의 자신을 받아들이기 어렵습니다. 아름다운 게 무엇인지, 꼭 외모가 아니더라도 자신의 어떤 부분이 다른 사람들에 비해 멋지고 훌륭한지 생각해 보는 것이 반드시 필요합니다.

여자 친구가
있으면 좋겠어요

"그 애도 절 좋아할까요?"

주변에 이성 친구가 있는 경우를 보면 부러운 마음이 들 것입니다. 나도 이런 친구가 있으면 좋겠다는 생각이 들겠지요.

선생님이 학생일 때는 남자는 남중·남고, 여자는 여중·여고로 분리되어 청소년기를 보냈기 때문에 이성 친구를 만날 수 있는 기회가 그리 많지 않았답니다. 지금 여러분들은 이성 친구와 어울릴 기회도 많고, 다양한 활동을 함께 경험할 기회도 많습니다. 이 시기는 폭넓은 인간관계를 갖는 것도 중요한 때입니다. 단순히 이성이기 때문에 관심을 갖고 호기심을 갖는 것이 아니라, 여자든 남자든 자신에게 긍정적이고 좋은 영향을 주는 친구를 두는 것은 큰 힘이 될 것입니다.

인간은 환경의 동물입니다. 근묵자흑近墨者黑, 먹을 가까이 하다 보면 자신도 모르게 검어진다는 뜻이라는 옛 말에서도 알 수 있듯이 사람도 주변 환경에 따라 변할 수 있습니다. 훌륭한 스승을 만나면 그 행실을 보고 배움으로써 자연스럽게 닮게 되고, 나쁜 무리와 어울리면 보고 듣는 것이 언제나 그릇된 것뿐이어서 자신도 모르게 옳지 않은 방향으로 나가게 됩니다. 이처럼 여자든 남자든 자신에게 좋은 영향을 주는 사람을 가까이 하는 것이 중요합니다.

이성에 대한 관심

"선생님, 요즘 좋아하는 애가 생겼는데요, 걔도 저를 좋아하는지 잘 모르겠어요. 솔직하게 말했다가 거절당하면 괜히 관계가 어색해질까봐 아직 고백도 못했어요."

기택이는 좋아하는 아이에게 한 번도 솔직하게 자신의 마음을 표현한 적이 없다고 하였습니다. 교제를 하고 싶지만, 한참 공부에 집중해야 될 시기이기 때문에 거절당할 것 같기도 하고, 솔직하게 말했다가 지금의 관계도 깨

져 버릴까 두렵다고 합니다.

  기택이는 그런 마음을 그림을 통해서 표현했습니다. 카페에서 다른 커플들을 보며 부러워하고 있는 자신을 그렸는데요, 'lonely(외롭다)'라는 글도 넣어 가며 현재의 심경을 묘사했습니다. 파란 상의를 입고 있는 남자가 좀 더 크게 그려진 것은 여자 친구가 있는 남자를 동경하는 마음 즉, 부러워하는 마음을 나타냈다고 해석할 수 있습니다. 여자 친구가 없어서 느끼는 상대적 위축감이 표현된 것이지요. 또한 자신 앞에 비어 있는 의자를 통해 이성 친구가 생기길 바라는 간절한 마음을 드러냈습니다.

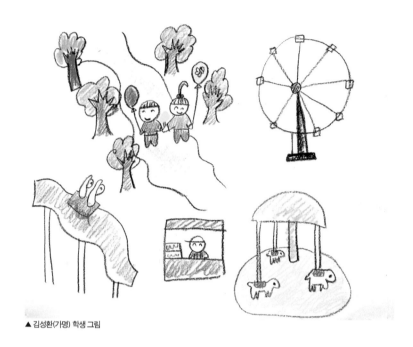

✤ ✤ ✤

성환이도 '만약에 여자 친구가 생긴다면'이라는 주제로 그림을 그렸습니다. 놀이공원에 놀러 가고 싶은 소망을 표현한 것으로, 미래의 여자 친구와 함께 풍선을 들고 행복한 기분을 만끽하며 길을 걷는 장면입니다.

"여자 친구랑 그냥 걷기만 해도 기분이 좋아질 것 같아요. 이런 장면이 실제로 일어난다면 제가 드라마의 주인공이 된 것 같은 느낌일 것 같아요."

성환이는 꼼꼼하고 주도면밀하기보다는 즉흥적이고 짧은 집중력을 가지고 있을 가능성이 높습니다. 특징적인 점은, 다른 채색 선들이 거칠고 빠르게 표현된 것에 비해 자신과 미래의 여자 친구가 걷는 길은 부드러운 파스텔을 이용하여 칠했다는 것입니다. 이는 가장 소중하게 여기고 바라는 것에 대한 정성스러운 마음의 표현이라고 볼 수 있습니다.

⚜ ⚜ ⚜

"최근에 같은 반 여자애에게 호감이 생겼어요. 근데 걔를 직접 그리고 싶

▲ 인주영(가명) 학생 그림

지는 않아요."

"주영이는 그런 감정을 어떻게 표현하고 싶니?"

"제가 그림을 잘못 그려서 망치게 되면 기분이 안 좋아질 것 같아서요. 그냥 지금 느낌을 색깔들로 표현하고 싶어요."

주영이는 구체적인 묘사는 하지 않았지만, 색깔을 이용하여 자신의 기분과 정서를 표현하였습니다. 보라색을 시작으로 빨간색, 진한 노란색, 연한 노란색 순의 파스텔을 이용하여 칠하였으며 같은 방향의 선을 사용했습니다. 사랑 · 두근거림 · 설렘 등의 감정을 상징하는 따뜻하고 부드러운 색깔들의 조합으로 화면을 가득 메웠습니다. 이는 이성에 대한 감정을 떠올릴 때에 생기는 긍정적인 에너지를 생각나게 합니다. 딱딱한 재료가 아닌 부드러운 파스텔을 이용하여 부드럽고 포근한 느낌을 나타낸 것도 특징적입니다.

✿ ✿ ✿

누군가를 좋아할 수 있다는 것은 굉장히 기쁜 일입니다. 그 사람에게 잘 보이고 싶고, 또한 상대도 나를 좋아해 주길 바라는 마음은 당연한 것이지요. 사랑의 감정을 느끼는 것은 상대방을 배려하고 따뜻한 관심을 준다는 점에서 정신적으로 매우 의미 있는 일입니다. 그렇지만 때로 한 가지 생각에 너무 맹목적으로 매달리다 보면, 정작 자신에게 중요한 것들을 잊게 되는 경우도 있으므로 균형을 잡는 것이 필요합니다.

상대방에게 마음을 전하고 싶다면, 자신의 생각을 솔직히 전달하는 용기도 필요합니다. 그러나 서두르지 마세요. 표현이 잘 되지 않아 교제로 이어지지 않았더라도, 또 다른 기회는 얼마든지 있습니다. 서로의 생각을 주고받는 가운데 상대의 의사를 존중해 주는 것도 배울 수 있을 것입니다. 상대방에 맞추어 휩쓸리기보다는, 자신을 존중하는 마음을 가지고, 스스로를 사랑하면서 이성 친구와의 만남을 이어 간다면 보다 건강한 관계가 될 것입니다.

성폭행을 당했어요

"저는 이제 어떻게 살아야 할까요……."

출퇴근 지하철이나 버스에서 여학생의 뒤에 바짝 달라붙어 은근슬쩍 몸을 만지는 남자가 있습니다. 여학생이 불쾌한 기분이 들어 고개를 돌리자, 남자는 아무 일도 없었다는 듯이 다른 곳을 바라봅니다. 여학생은 기분이 나쁠 뿐만 아니라 수치심까지 느꼈습니다. 여기서 남자가 했던 행동은 공중 밀집 장소에서의 성추행으로 간주됩니다.

성폭력sexual violence의 개념은 심리적 · 사회 문화적 · 여성학적 · 법적인 측면 등에서 다양하게 규정되며, 성폭력의 유형이나 범위, 규정에 있어서도 다소 차이가 있습니다. 성폭력은 강간뿐만 아니라 원치 않는 신체 접촉, 전화나 인터넷을 통해 접하는 불쾌한 언어와 추근거림, 음란한 눈빛으로 바라보는 것 등 성적으로 가해지는 모든 신체적·언어적·정신적 폭력을 말합니다. 또한 성폭력에 대한 막연한 불안감이나 공포, 또는 그것으로 인한 행동 제약도 간접적 성폭력에 해당합니다. 요즘에는 이처럼 포괄적으로 성폭력을 정의하는 경향이 많습니다. 그러므로 학교에서 학생들을 대할 때도 주의해야 합니다. 이는 학생들이 친구들을 대할 때도 마찬가지입니다.

성폭력의 피해는 한 개인에게 광범위하고 심각한 영향을 미칩니다. 성폭력이 발생한 나이, 가해자와의 관계, 성폭력의 기간과 빈도, 성적 행동의 유형, 노출의 정도에 따라 개인에게 미치는 영향에 차이가 있지만 대체적으로 성폭력 피해자들은 단기적·장기적으로 많은 어려움을 겪게 됩니다.

청소년기는 아직 신체적·정신적으로 미성숙하여 계속적으로 보호받아야 할 시기인데, 이들을 보호해야 하는 가정과 학교, 사회 등이 성폭력의 피해 장소가 된다는 점이 매우 심각한 문제입니다. 청소년의 성폭력 피해 경험은 신체적·정신적·사회적인 다양한 차원으로 접근하여 살펴보아야 합니다. 특히 신체적 피해보다 정신적인 피해가 심각하며, 성폭력을 당한 이후 불안, 우울, 낮은 자존감, 외로움 등 정신 건강을 크게 위협하는 부정적인 심리 영향을 받게 됩니다. 성격이 형성되고 자아 정체감이 발달되는 청소년기에 당하는 성폭력 피해 경험은 성인이 되었을 때 우울증과 같은 정서 장애나 자기 비하 등의 인지적 왜곡 등을 발생시킬 수 있습니다. 또한 성폭행 이후에 수시로 성 피해에 대한 기억이 되살아나 극심한 불안감을 경험하기도 합니다. 피해자들은 이러한 불안감을 회피하기 위해 강박관념이나 강박 행동을 보이기도 합니다. 여러분 혹은 친구나 주변 사람 중에 성폭력을 당한 사람이 있다면 적절한 기관을 찾아 상담 치료를 받도록 권해 주길 바랍니다. 그리고 큰 상처를 받은 그들을 따뜻한 마음으로 감싸 주길 바랍니다.

성적 수치심

중학교 2학년인 정란이는 최근에 생리가 늦고 소변에 갈색피가 나오는 증상 때문에 스트레스를 많이 받았다고 합니다. 그림을 그리면서 산부인과에서 진료를 받았던 기억을 떠올렸습니다. 사람들이 자신의 생식기와 신체를 보고 비웃을 것 같고, 스스로도 더럽게 느껴져 목욕탕도 가지 않는다고 고백했습니다. 자신이 더럽다는 말을 울면서 반복적으로 이야기합니다.

그림에 첩첩산중 갈라진 길과 비를 표현한 것은 스트레스 상황으로 인한 현실의 어려움과 불안을 상징합니다. 내·외부의 형태 안에는 폭력성을 연상시키는 남성의 고환과 부드러움을 연상하게 하는 여성의 생식기를 그렸

▲ 나정란(가명) 학생 그림

고, 그림의 공간을 피난처이면서도 감옥이 될 수 있는 둥지로 그려 이중적으로 표현했습니다.

✤ ✤ ✤

미정이는 그림에서 낙태로 인한 심리적 고통을 표현하였습니다. 뭉크의 〈절규〉 도안을 이용하여 꿈을 묘사했습니다. 과거 고통스러운 기억에 대해 어떻게 대처하고 있으며 부정적인 감정을 어떻게 다루는지 살펴보았습니다.

▲ 정미정(가명) 학생 그림

검정 도화지를 바탕 색으로 선택하여 자신이 자주 꾸는 악몽에 대해 그렸
는데 뭉크의 〈절규〉 도안 하나에 악몽 하나씩을 짝지어 설명한 것이 특징입
니다. 뭉크 도안 주변에는 색채를 사용하여 배경과 인물을 경계 지은 것으로
보아 악몽이나 실제 사건 경험과 분리되기를 원하고 있다는 것을 알 수 있
습니다.

미정이는 2번의 낙태 경험에 대한 고통스러움이 꿈으로 나타나 오랫동안
시달렸다고 합니다. 유치원을 찾아가 여러 명의 아기를 안고 있는 꿈, 아빠
가 살아계실 때 만나는 꿈, 자신을 괴롭히는 주변 지인들에 대한 꿈, 누군가
자신을 쫓아와 도망 다니다 결국 피를 흘리는 꿈, 어딘가에 갇혀 있는 꿈 등

을 설명했습니다. 그리고 마지막으로는 가위에 눌리는 모습을 콜라주로 표현했습니다.

미정이는 낙태 경험에 관한 꿈을 보라색으로 칠하여 우울감과 죄책감을 표현하였고, 아버지와의 재회 장면과 도망 다니는 꿈에는 선홍색과 빨간색을 사용하여 감정적 충동성에 대해 표현했습니다. 갇혀 있는 자신을 괴롭히는 주변인들에 대한 악몽 테두리에는 푸른 계열을 사용하여 현재의 불안한 심리를 보여 주며, 안정감을 필요로 하고 있음을 드러냈습니다.

✤ ✤ ✤

중학교 3학년인 영지는 제일 먼저 도화지 위에 하트 모양을 그려 나갔는데, 하트가 깨진 것은 사람들이 자신에게 입힌 상처에 대한 것이라고 설명했습니다. 도화지의 왼쪽에서 오른쪽으로, 순차적으로 자신의 아픔에 대한 상징물들을 그렸습니다.

"꽃은 성에 관한 것인데요, 꽃 한 송이가 순결을 뜻한다고 생각해서 꽃잎이 하나하나 떨어지는 모습으로 더럽혀지는 저를 표현한 거예요."

물방울은 자신이 지금까지 흘렸던 눈물, 먹구름은 현재의 기분을, 한 그루뿐인 나무는 혼자라고 느끼는 외로움을 표현했다고 설명하며 충격적 경험

들을 끊임없이 끄집어냈습니다. 그러면서 분노와 성적 수치심, 인간 본능의 욕구 사이에서 갈등하는 모습을 보였습니다.

꽃은 일반적으로 생물학적 생식기와 여성을 의미하는데, 특히 프로이트 S. Freud는 꽃의 중앙 부위에 움푹 팬 공간이 여성을 상징하는 가장 기본적인 특징이라고 주장하였습니다. 영지는 꽃잎의 형태를 분해시키고, 여성의 자궁과 성기의 모양을 연상케 하는 하트 형태를 절단시켜 가면서 파괴된 여성성을 상징했습니다. 눈물이라 표현했던 물방울과 나무는 남성성을 상징합니다.

성폭행을 포함한 성폭력은 신체적 피해보다는 정신적인 피해가 심각하며, 성폭력을 당한 이후 피해 청소년은 불안, 우울, 낮은 자존감, 외로움 등 정신 건강을 크게 위협하는 감정들에 시달리게 됩니다. 성폭행 피해 청소년은 외부의 시선에 많은 신경을 쓰며 자신을 더러운 존재로 생각하고 있습니다. 가장 가까운 부모님이나 선생님께서 정란이와 미정이, 영지 같은 아이들의 마음을 이해해 주고 따듯하게 감싸 주는 모습이 절대적으로 필요한 이유입니다.

구 스 타 프 클 림 트
〈 키 스 〉 , 1 9 0 7

명화로 내 마음
어루만지기

오스트리아 출신의 화가 구스타프 클림트[Gustav Klimt, 1862~1918]는 한국에서도 많은 사람들에게 사랑받고 있습니다. 그는 주로 금박과 기하학적인 무늬를 활용하여 작품을 굉장히 화려하고 아름답게 만들어 냅니다.

이 작품에서 남자는 두 손으로 여자의 얼굴을 감싸며 키스하고 있고, 여자는 황홀한 순간에 푹 빠져 있는 듯 눈을 감은 채 고개를 꺾어 남자를 끌어안고 있습니다. 사랑에 빠진 남녀는 화려한 금색 테두리 안에서 하나가 되어 부둥켜안고 있는 것처럼 보입니다. 클림트는 이렇게 달콤하고 가슴 뛰는 황홀함을 그림을 통해 아주 적절하게 표현했습니다.

여러 가지 신체적인 변화와 정서적인 변화를 겪는 청소년들 역시 그 누구보다 이성에 대한 호기심과 관심이 많습니다. 그들이 가지고 있는 에너지는 때로 너무 충동적이어서 자신도 모르게 감정이 폭발할 때도 있죠. 특히 이성에 대한 관심과 사랑을 어떤 방식으로 건강하게 발산해야 하는지에 대해 배울 기회가 없기 때문에 이 아름다운 마음들이 불건전한 방법으로 해소될 때도 많습니다.

청소년들은 자기 안에서 솟아오르는 에너지를 다루는 법을 알아야 합니다. 그림으로 본능과 충동, 이성에 대한 생각들을 시각화해 보는 것도 좋은 방법이 될 수 있습니다. 본능과 충동의 힘을 자신 안에서 억눌러 쌓아 두는 것은 좋지 않습니다. 어른들은 아이들이 여러 가지 방법을 통해 이 에너지를 긍정적으로 발산하고 해소할 수 있도록 돕는 것이 필요합니다. 청소년들의 호기심을 부끄러운 것, 수치스러운 것으로 여겨 억압시키기만 한다면 오히려 더 큰 문제를 유발할 수 있기 때문입니다.